T0222975

Wir müssen reden …

Stephan F. Kock · Claudia Davidenko
Sabine Demuth · Frauke Korkisch
Tatjana Stefanowsky

Wir müssen reden …

Mitarbeitergespräche in der
Arzt- und Zahnarztpraxis

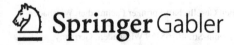

Stephan F. Kock
Kock + Voeste Existenzsicherung
für die Heilberufe GmbH
Berlin, Deutschland

Claudia Davidenko
Berlin, Deutschland

Sabine Demuth
Berlin, Deutschland

Frauke Korkisch
Berlin, Deutschland

Tatjana Stefanowsky
Berlin, Deutschland

ISBN 978-3-658-22582-7   ISBN 978-3-658-22583-4   (eBook)
https://doi.org/10.1007/978-3-658-22583-4

Die Deutsche Nationalbibliothek verzeichnet diese Publikation in der Deutschen Nationalbibliografie; detaillierte bibliografische Daten sind im Internet über http://dnb.d-nb.de abrufbar.

Springer Gabler
© Springer Fachmedien Wiesbaden GmbH, ein Teil von Springer Nature 2019

Springer Gabler ist ein Imprint der eingetragenen Gesellschaft Springer Fachmedien Wiesbaden GmbH und ist ein Teil von Springer Nature
Die Anschrift der Gesellschaft ist: Abraham-Lincoln-Str. 46, 65189 Wiesbaden, Germany

Inhaltsverzeichnis

V

„Wir müssen reden …" – Warum das Gespräch als Führungsinstrument so bedeutsam ist

Sabine Demuth

© Tatjana Stefanowsky

Heute gibt es eine ganze Reihe von Literatur rund um das Thema Führung … angefangen von *„sich selbst führen"* über verschiedene Führungsansätze bis hin zur Einordnung von Mitarbeitertypen und Wertediskussionen. Basis aller Führungsthemen ist Kommunikation. Ohne dass „miteinander kommuniziert" wird, ist Führung nicht möglich. Und auch wenn versucht wird, Gesprächen aus

© Springer Fachmedien Wiesbaden GmbH, ein Teil von Springer Nature 2019
S. F. Kock et al., *Wir müssen reden …*,
https://doi.org/10.1007/978-3-658-22583-4_1

dem Weg zu gehen und nicht miteinander zu sprechen, wird dennoch kommuniziert. Aber dazu später.

Da wir alle wissen, dass die Thematik Kommunikation und Personalführung höchst komplex, der Praxisalltag aber in der Regel durchaus turbulent ist, liegt der Fokus dieses Buches auf den am häufigsten in der Praxis notwendigen Mitarbeitergesprächen. Tatsächlich wird im Alltag vieles nebenher besprochen. Gesprächsanlässe ergeben sich, Gespräche werden unvorbereitet, manchmal – wie beispielsweise Gehaltsgespräche – sogar durchaus unfreiwillig geführt. Beginn, Verlauf und Ausgang solcher Gespräche zwischen Praxisinhaberin und Angestellten wirken sich nachhaltig auf den Praxisalltag aus – positiv wie negativ. Umso mehr lohnt es sich, in Zukunft besser vorbereitet zu sein. Wer Gespräche gut zu nutzen weiß, verfügt nicht nur über ein preiswertes, höchst effektives Führungsinstrument, sondern steigert auch die emotionale Bindung des Teams ganz wesentlich.

Im Übrigen wird in diesem Buch die weibliche Form verwendet. Das Autorenteam hat sich aus zwei Gründen dazu entschieden: In Praxen arbeiten in der Regel deutlich mehr Frauen als Männer. Und Praxisgründungen werden heute mehr und mehr von Frauen umgesetzt. Selbstverständlich sind alle Geschlechter gleichermaßen gemeint und angesprochen.

1.1   Mitarbeiterinnen dringend gesucht – die Sache mit dem Fachkräftemangel

Akuter Fachkräftemangel ist längst in vielen Praxen bittere Realität. *„Der Markt sei leer"*, heißt es. Gehaltswünsche schießen in die Höhe, sind aber von vielen Praxen aufgrund der knapp getakteten Gesamtsituation nur schwer darstellbar. Häufig klagen Praxisinhaberinnen zusätzlich über „mangelnde Verbindlichkeit". Gerade jüngere Arbeitnehmerinnen, Vertreterinnen der Generation „Y" oder „X", seien derart flexibel, dass sie schneller als man gucken könnte, schon wieder den Arbeitsplatz gewechselt hätten. Personalsuche kostet viel Zeit und Geld, Einarbeitung auch. Grund genug, passende Mitarbeiterinnen möglichst langfristig zu binden und sie darin zu unterstützen, ihr Potenzial bestmöglich in die Praxis einzubringen. Aber wie kann das gelingen? Wie lässt sich mit den Anforderungen junger Generationen angemessen umgehen? Was bedeutet es ganz pragmatisch, wenn sich Ihr Praxisteam in einer WhatsApp-Gruppe austauscht, Sie aber nicht eingeladen wurden? Oder aber wenn Sie eingeladen wurden, wie verhalten Sie sich in der Vorgesetzten-Position adäquat?

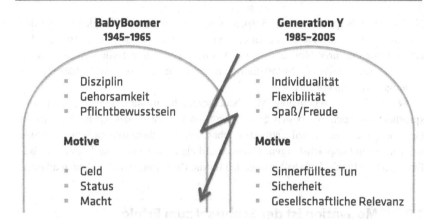

BabyBoomer
1945–1965

- Disziplin
- Gehorsamkeit
- Pflichtbewusstsein

Motive

- Geld
- Status
- Macht

Generation Y
1985–2005

- Individualität
- Flexibilität
- Spaß/Freude

Motive

- Sinnerfülltes Tun
- Sicherheit
- Gesellschaftliche Relevanz

Abb. 1.1 Werte unterschiedlicher Generationen: Beispiel Babyboomer und Generation Y. (Quelle: Stephan Kock, „So machen Sie Ihre Mitarbeiter zu Fans" Vortrag Best Day 2015 in Düsseldorf)

Was ist, wenn in Ihrer Praxis junge Arbeitnehmerinnen auf „alte Hasen" oder Rückkehrerinnen treffen? Hier bestehen Unterschiede im Alter, in den Lebensphasen und – viel wichtiger – in inneren Werten, die zu Konflikten und umfangreichen Störungen im Praxisablauf führen können. Fluktuation und negative Auswirkungen auf Patienten sind weitere Folgen, die sich keine Praxis wirklich leisten kann (vgl. Abb. 1.1).

1.2   Mitarbeitergespräch als Teil des Qualitätsmanagements

Die schrittweise Einführung und Weiterentwicklung eines Qualitätsmanagement (QM)-Systems für Arztpraxen ist bereits seit 2006 verpflichtend, 2016 hat eine Erweiterung des Beschlusses stattgefunden, und ist mittlerweile in vielen Arztpraxen gut etabliert. In welcher Form und Ausgestaltung QM in der einzelnen Praxis gelebt wird, bleibt den Inhaberinnen vorbehalten. So können sich bspw. die Mitarbeiterorientierung und die Erhebung von Mitarbeiterzufriedenheit in der Durchführung und Dokumentation von Mitarbeitergesprächen niederschlagen, müssen es aber nicht.

Bewährt hat sich eine gewisse Regelmäßigkeit in den Mitarbeitergesprächen. Die Literatur empfiehlt ein Entwicklungsgespräch mindestens einmal im Jahr.

Neben der Überprüfung und Besprechung der geleisteten Tätigkeiten werden zukünftige Leistungsziele erarbeitet und vereinbart. Zudem können so Mitarbeiterinnen in ihrer Motivation gestärkt und Potenziale gefördert werden. Nach dem Gespräch sollte die Mitarbeiterin in der Lage sein, die Wertschätzung der Arbeitgeberin einzuordnen.

Wenn Sie also regelmäßig Mitarbeitergespräche in Ihrer Praxis führen, entsprechen Sie auch im besten Sinne den Anforderungen des QMs. Und damit Gespräche nicht nur formal stattfinden, lohnt sich die nähere Beschäftigung mit den verschiedenen Gesprächsfiguren: Damit Mitarbeiterinnen auch „die Extrameile laufen" und Ihre Praxis dauerhaft erfolgreich für die Patientinnen und Patienten arbeitet.

1.3   Motivation ist der Schlüssel zum Erfolg

Wer sich mit dem Thema Motivation beschäftigt, sieht sich mit einer Vielzahl an theoretischen Modellen konfrontiert. Zwei dieser Modelle erweisen sich für das Thema Mitarbeitergespräche in der Praxis als besonders hilfreich. Beide Motivationsmodelle basieren auf der grundsätzlichen Annahme, dass sich Motivation aus extrinsischen und intrinsischen Faktoren zusammensetzt. Dabei werden

Extrinsische Faktoren von Dritten (Chefin, Vorgesetzte) mit dem Ziel vorgegeben, jemanden zu einem gewünschten Verhalten zu motivieren. Als typische Beispiele gelten Bonuszahlungen und Gehaltserhöhungen bzw. im umgekehrten Fall Bestrafungen wie Gehaltsreduzierung oder Abmahnungen.

Die sogenannte **intrinsische Motivation** hingegen beruht auf selbstbestimmten Faktoren, die jeder Einzelne für sich persönlich als bedeutsam erachtet. Als typische Beispiele gelten das Streben nach sinnvollen und relevanten Arbeitsinhalten, individuelle Entwicklungsmöglichkeiten und Entscheidungsfreiheiten.

Den extrinsischen Motivationsfaktoren werden stärkere, aber kurzfristigere Effekte zugesprochen. Intrinsische Motivationsfaktoren zeigen langfristigere, stabilere Auswirkungen und sind deshalb besonders interessant zu fördern.

1.3.1   Die Maslowsche Bedürfnispyramide

Abraham Harold Maslow (1908–1970), US-amerikanischer Psychologe, gilt als ein Gründervater der Humanistischen Psychologie und entwickelte die sogenannte Maslowsche Bedürfnispyramide. Diese erklärt, dass Motivation sowohl durch äußere als auch durch innere Reize hervorgerufen werden kann (vgl. Abb. 1.2).

Abb. 1.2 Maslowsche Bedürfnispyramide

Bei der extrinsischen Motivation steht der Wunsch im Vordergrund, bestimmte Leistungen zu erbringen, weil man sich davon einen Vorteil (Belohnung) verspricht oder Nachteile (Bestrafung) vermeiden möchte.

Dazu gehören solche Punkte wie:

- Geld
- Karriere
- „Goodies"
- Vorgaben
- Macht etc.

Bei der intrinsischen Motivation steht dagegen das Bestreben, etwas um seiner selbst willen zu tun im Vordergrund, beispielsweise weil es einfach Spaß macht, Interessen befriedigt oder eine Herausforderung darstellt.

Dazu gehören solche Punkte wie:

- Werte
- Haltung
- Meinung
- Selbstbestimmtheit
- Zugehörigkeit
- Sinn etc.

So gehören beispielsweise Lob und Wertschätzung in den Bereich der extrinsischen Motivation. Das ist nicht nur kostengünstig, sondern auch höchst effektiv und nachhaltig. Wie wichtig das Thema ist, zeigen unter anderem die zahlreichen Untersuchungen vergangener Jahre. So zeigten Studien, bspw. von Gallup/ StepStone (Gallup 2011; StepStone 2011), dass sich Mitarbeiterinnen an ihrem Arbeitsplatz insbesondere mehr Lob, mehr Informationen und mehr Anerkennung wünschen. Klingt einfach, ist es aber offensichtlich nicht, denn genau das scheint am Arbeitsplatz echte Mangelware zu sein. In Praxen wird Mitarbeiterführung häufiger wohl nach der Devise „Nicht gemeckert, ist genug gelobt" organisiert. Gleichzeitig beklagen Praxisinhaberinnen fehlende Eigeninitiative bzw. Mitdenken ihres Teams.

Lob ist ein wichtiger Schlüssel zum Praxiserfolg. Mehr zum effektiven Einsatz von Lob erfahren Sie in Kap. 4 „Lobgespräche führen".

1.3.2 Die Hygienefaktoren und der Kontext der Arbeit – das Motivationsmodell nach Herzberg

Frederick Irving Herzberg (1923–2000), US-amerikanischer Professor der Arbeitswissenschaft und der klinischen Psychologie, entwickelte 1956 die Zwei-Faktoren-Theorie der menschlichen Bedürfnisse, die auf der Maslowschen Bedürfnishierarchie aufbaut. Herzberg untersuchte, welche Faktoren Unzufriedenheit abbauen oder vermeiden und welche Faktoren Zufriedenheit hervorrufen.

Obwohl die Herangehensweise von Herzberg bei der sogenannten Pittsburgh-Studie von 1959 in Fachkreisen nicht unumstritten ist, eignet sich sein Modell, um bestimmte Zusammenhänge besser verstehen zu können.

Wesentlich in Herzbergs Theorie ist eine Unterscheidung in zwei Faktoren:
1. die *Dissatisfiers* oder *Hygienefaktoren* und 2. die *Satisfiers* oder *Motivatoren.*

Zu den Hygienefaktoren zählen jene Eigenschaften und Bedingungen, die für reibungslose Arbeitsabläufe sorgen, wie beispielsweise: Sicherheit, Gehalt, angenehmes Arbeitsumfeld. Laut Herzberg muss ein Mindestmaß an Hygienefaktoren vorhanden sein, damit Arbeitnehmer überhaupt erst eine neutrale Einstellung, also keine Abneigung, zur Arbeit entwickeln können.

Unzufriedenheit entsteht aus Herzbergs Sicht dann, wenn die Hygienefaktoren unzureichend vorhanden sind.

Die Motivatoren hingegen umfassen Eigenschaften, die beispielsweise mit Erfolgserlebnissen, Verantwortung, Selbstverwirklichung oder Aufstiegsmöglichkeiten in Verbindung stehen. Ein Fehlen an Motivatoren führt laut Herzberg nicht zwangsläufig zur Unzufriedenheit. Aber nur, wenn ausreichend Motivatoren vorhanden sind, kann Motivation erst entstehen.

1.3.3 So können Sie Theorie zur eigenen Standortbestimmung nutzen

Wie steht es um Ihre Praxis? Wie ausgeprägt sind Hygienefaktoren und Motivatoren? Nehmen Sie eine Standortbestimmung nach der in Abb. 1.3 gezeigten Matrix vor.

Feld 1: Optimalzustand, Sie haben ein hoch motiviertes Team. Es gibt keine Beschwerden.

Feld 2: Ihre Mitarbeiterinnen machen „Dienst nach Vorschrift", d. h. sie klagen zwar nicht, machen aufgrund mangelnder Motivation auch nicht mehr, als unbedingt nötig ist.

Feld 3: Sie haben ein motiviertes Team, das seine Aufgaben gern erfüllt. Mit den Rahmenbedingungen ist es jedoch schwierig.

Feld 4: Sie haben ein großes Problem mit Unzufriedenheit und fehlender Motivation in Ihrer Praxis.

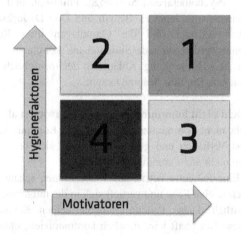

Abb. 1.3 Standortbestimmung nach Herzberg. (In Anlehnung an die Darstellung von Jansen Beratung und Training 2017)

1.4 Warum ein Blick manchmal mehr als 1000 Worte sagt

Das Telefon klingelt. Eine Mitarbeiterin sagt zur ihrer Kollegin: „Du, das Telefon klingelt." Die Angesprochene sagt nichts und verdreht die Augen. Sie greift zum Hörer.

Was teilt die erste Person der anderen mit, und was will die angesprochene Person durch ihre nonverbale Reaktion vermitteln? Beide Aktionen lassen unterschiedliche Interpretationen zu. Deutlich wird hier: Kommunikation ist längst nicht immer selbsterklärend.

Umso wichtiger ist es, vorhandene Kommunikationsmöglichkeiten bestmöglich auszuschöpfen.

Gerade dann, wenn geschwiegen wird, bleibt die Interpretation im Feld des Empfängers überlassen. Noch ein Grund, häufiger das Gespräch aktiv zu suchen, anstelle Botschaften zu übermitteln, die womöglich nicht gewollt sind.

1.4.1 Watzlawik und die fünf Axiome

Paul Watzlawik (1921–2007) war ein österreichisch-amerikanischer Kommunikationswissenschaftler, Psychotherapeut, Soziologe, Philosoph und Autor. Die von Watzlawick, gemeinsam mit Janet H. Beavin und Don D. Jackson entworfenen fünf pragmatischen Axiome sind die Grundlagen ihrer Kommunikationstheorie. Die Axiome werden auf jede Situation mit kommunikativem Charakter angewendet und geben Hilfestellung, Abläufe in der menschlichen Kommunikation besser zu verstehen. Die fünf Axiome lauten:

1. **„Man kann nicht nicht kommunizieren."** (Watzlawick et al. 1969)
   Man kann nicht nicht kommunizieren, denn jede Kommunikation (nicht nur mit Worten) ist Verhalten und genauso wie man sich nicht nicht verhalten kann, kann man nicht nicht kommunizieren.
   Ein Beispiel: Eine Patientin betritt das Wartezimmer, schaut zu Boden, sagt nichts, setzt sich in eine Ecke und vertieft sich in die mitgebrachte Lektüre.
   Hier wird deutlich: Diese Patientin möchte keinen Kontakt mit anderen Wartenden. Diese Botschaft wird deutlich kommuniziert, ohne dass auch nur ein einziges Wort fällt. Denn auch wer schweigt oder sich einem Gespräch entzieht, teilt sich mit und kommuniziert.

2. **Jede Kommunikation hat einen Inhalts- und einen Beziehungsaspekt**
   „Jede Kommunikation hat einen Inhalts- und einen Beziehungsaspekt, wobei letzterer den ersten bestimmt" (Watzlawik 1969).
   Neben Sach-Informationen vermittelt Kommunikation vor allem Informationen über die Beziehung, in der die Gesprächspartner zueinander stehen. Der Inhaltsaspekt folgt dem Beziehungsaspekt, was dazu führt, dass ein und dieselbe Aussage ganz unterschiedliche Botschaften vermitteln kann. Es ist eben *„der Ton, der die Musik macht".*

3. **Kommunikation ist immer Ursache und Wirkung**
   „Die Natur einer Beziehung ist durch die Interpunktion der Kommunikationsabläufe seitens der Partner bedingt" (Watzlawik 1969).
   Interpersonelle Kommunikation ist ein sich gegenseitig bedingender, kreisförmiger Prozess und hat weder Anfang noch Ende. Sender und Empfänger gliedern den Kommunikationsablauf unterschiedlich und sehen somit ihr eigenes Verhalten oft nur als Reaktion auf das des anderen: „Ich reagiere so, weil du dies und jenes machst bzw. nicht tust." Tatsächlich bleibt die Frage nach dem „Was war zuerst, das Huhn oder das Ei?" ein unlösbares Geheimnis, denn es bedingt einander.

4. **Menschliche Kommunikation bedient sich analoger und digitaler Modalitäten**
   Nicht nur durch das gesprochene Wort, sondern auch nonverbal mit sogenannten analogen Modalitäten wird kommuniziert, d. h. also über Gestik und Mimik. Verbale Mitteilungen, also die Sprache, stellen digitale Modalitäten dar. Zusammen beeinflussen sie den Verlauf des Gesprächs. Dabei wird die Beziehungsebene häufig über Nonverbales vermittelt, die Inhaltsebene über Verbales ausgetauscht.
   Störungen treten insbesondere bei Nichtübereinstimmung oder bei Unklarheiten einer der beiden Codierungsarten auf. Die Aufforderung „Wenn Sie zur Aufgabe noch Fragen haben, stellen Sie sie bitte gern." verbunden bspw. mit verschränkten Armen und abgewandtem Blick wird voraussichtlich beim Empfänger der Botschaft nicht als ernst gemeinte Einladung ankommen.

5. **Kommunikation ist symmetrisch oder komplementär**
   „Zwischenmenschliche Kommunikationsabläufe sind entweder symmetrisch oder komplementär, je nachdem, ob die Beziehung zwischen den Partnern auf Gleichgewicht oder Unterschiedlichkeit beruht." (Watzlawik 1969)
   In einer symmetrischen Beziehung sind die Kommunizierenden ebenbürtig oder versuchen zumindest, Rangunterschiede zu verringern. In einer

komplementären Beziehung, wie sie beispielsweise aufgrund unterschiedlicher Positionen, wie Praxisinhaberin und Mitarbeiterin, vorgegeben ist, ergänzen sich die Gesprächsteilnehmer im Idealfall. Dadurch, dass sich die Gesprächsteilnehmer gleich oder unterschiedlich verhalten, entstehen Regelkreise.

1.5   Kommunikation ist Führung – Führung ist Gespräch

Das Gespräch ist das zentrale Führungsinstrument, das Praxisinhaberinnen zur Verfügung steht. Sämtliche Arbeitsabläufe in einer Praxis werden mittels Gesprächen und Gesprächsanlässen strukturiert, organisiert und finden ihre Bewertung.

Auch beim „Arzten", bei der Behandlung von Patientinnen, ist das Gespräch ein wesentlicher Teil, der zum Erfolg oder gegebenenfalls Misserfolg einer Behandlung beiträgt. Keine Anamnese erfolgt ohne verbalen Austausch zwischen Ärztin und Patient. Untersuchungsmethoden, Diagnose und Behandlungsmöglichkeiten werden zwischen Ärztin und Patientin besprochen. Das Stichwort „Adhärenz", früher Compliance genannt, fällt häufig in diesem Zusammenhang. Wie oft wird beklagt, dass der Behandlungserfolg geschmälert ist, weil Patientinnen den Therapieanweisungen ihrer Ärzteinnen nicht genügend Folge leisten? Untersuchungen haben ergeben, dass die Ursache häufig die ist, dass Patientinnen die Anweisungen des Behandlers schlichtweg nicht verstanden haben. Dabei ist nicht gemeint, dass Patientinnen der deutschen Sprache nicht mächtig wären und deshalb an Sprachbarrieren scheitern würden. Vielmehr ist es so, dass die Information nicht ausreichend patientengerecht erläutert wird. Häufig fehlt Patientinnen auch das Wissen, aus welchem Grund sich die behandelnde Ärztin für die Wahl einer Verschreibung entschieden hat (Bertelsmann Stiftung 2011).

1.6   Gute Patientenorientierung – Praxisteam weniger im Blick

Das Gespräch gehört zu den ganz wesentlichen Instrumenten, die in der jeder Praxis tagtäglich Anwendung finden. Dabei verfügen mittlerweile viele Praxen über eine gute Patientenorientierung. Neben der gesetzlichen Aufklärungspflicht haben sie erkannt, dass Patientinnen von heute andere Erwartungen an Sie stellen und dass es sich lohnt, diesen nachzukommen. Patientinnen kommen heute vielfach besser informiert in die Praxis als früher. Patientinnen machen Gebrauch von ihrem Recht auf freie Arztwahl. Sie sind in diesem Sinne Kundinnen und erwarten eine dementsprechend kunden-/patientenorientierte Ansprache. Patientinnen kommen häufig mit Fehlinformationen, die es gilt, ins rechte Licht zu rücken, soll eine Behandlung Erfolg haben.

Viele Ärztinnen und Ärzte haben reagiert. Sie haben Kurse für patientenorientierte Gesprächsführung besucht und geben sich größte Mühe, ihre Gesprächskompetenz zum Wohl der Patienten einzubringen. Kurse in Gesprächsführung sind Bestandteil des Medizinstudiums geworden.

Häufig wird jedoch übersehen, dass es neben den externen auch interne Kundinnen gibt: Die Mitarbeiterinnen, die einen wesentlichen Anteil zum Gelingen einer Praxis beitragen. Der Erfolg einer Praxis ist die Summe der Erfolge ihrer Mitarbeiterinnen. Das gilt heute vielleicht mehr denn je.

Wer hier die Stirn runzelt, mag einmal mehr überlegen, wie es wäre, wenn von heute auf morgen keine Mitarbeiterin mehr in der Praxis wäre. Alles wäre alleine zu bewältigen: Anrufe, Empfang, Termine, Rückfragen klären, Dokumentation, Abrechnung, Materialbestellung etc. und natürlich Patienten behandeln. Vermutlich wird eine Vorstellung wie diese Entsetzen hervorrufen. Zu Recht.

Erfolgreiche Praxen gibt es nur mit einem erfolgreichen Team.

1.7   Die Sache mit dem Vertrauen – Patienten brauchen freundliches Personal

Patientinnen kommen mit den Praxismitarbeiterinnen nicht nur häufiger, sondern auch umfangreicher in Kontakt als der Behandler selbst. Auch das ist ein Grund, weshalb Kriterien wie „Freundlichkeit bei der Terminvergabe" in Bewertungsportalen wie jameda oder anderen ganz oben zu finden sind. Das bedeutet im Umkehrschluss, dass sich viele Patientinnen aufgrund von Freundlichkeit und Zuverlässigkeit des Personals für oder – im Falle des Mangels – eben gegen eine Praxis entscheiden. Die meisten Patientinnen können, da sie selbst nicht vom Fach sind, ärztliche Leistungen kaum adäquat beurteilen. Patientinnen müssen ihren Ärztinnen vertrauen, soll eine Behandlung erfolgreich sein. Vertrauensvorschuss entsteht vor allem im Kontakt mit dem Praxisteam und einer gelungenen Kommunikation. Die behandelnde Ärztin profitiert auf diese Weise und sorgt im besten Falle für die Bestätigung des so entstandenen Vertrauens.

1.8   Und wenn es wieder heißt: „Wir müssen reden …"

Wenn Sie dieses Buch gelesen haben, werden Sie besser vorbereitet sein, wenn es wieder heißt: „Wir müssen reden." Gute Vorbereitung ist das A und O, um Personalgespräche erfolgreich und effizient führen zu können. Auch wenn dann vielleicht nicht alles gleich perfekt laufen wird, denn erst die Übung macht bekanntlich den Meister. Also: Haben Sie Mut zum Gespräch, denn Sie wissen: „Man kann nicht nicht kommunizieren." Wenn Sie mögen, erhalten Sie in Form von Checklisten und Zusatzmaterialien zusätzliche Unterstützung auf unserer Website unter kockundvoeste.de/downloads. Dazu noch einmal später mehr.

Zunächst werden Sie im weiteren Verlauf des Buches Zeuge verschiedener Mitarbeitergespräche. Manche sind geplant, manche nicht. Dazu begleiten wir eine Praxisinhaberin in ihrem Alltag. Christina, so haben wir unsere Figur genannt, ist Zahnärztin und ihr Team besteht aus fünf Angestellten: Klara, Monika und Bettina (alle Vollzeit), Alexandra (Teilzeit) und Jacqueline (Azubi 2. Lehrjahr). In der Praxis, die Christina vor gut zwei Jahren übernommen hatte, wird einander geduzt.

Ihre Praxis befindet sich irgendwo in Deutschland. Der Ort ist nicht bedeutsam. Genauso wenig spielen Praxisgröße oder Fachrichtung eine wesentliche Rolle für Anlass und Verlauf der Gespräche. Namen und Begebenheiten sind selbstverständlich frei erfunden und weisen keinerlei Bezug auf lebende Personen auf.

Christina ist verheiratet mit Peter und hat ein Kind. Wenn Sie mögen, können Sie sich die Inhaberin so vorstellen: Christina ist mittelgroß, trägt ihr rotblondes Haar praktisch kurz und sucht ihren Ausgleich regelmäßig beim Yoga.

Als sich Christina niederließ, war sie unendlich froh, dem fremdbestimmten Alltag zu entkommen und endlich ihre eigenen Vorstellungen verwirklichen zu können. Personal hatte sie auch schon in ihrer Weiterbildungszeit anzuleiten gehabt. Insofern hatte sie sich bezüglich ihrer Führungskompetenz keine Sorgen gemacht.

Nachdem Christina zunächst einen ganz schönen Einbruch an Patientenzahlen zu verkraften hatte, läuft die Praxis inzwischen ganz gut – zumindest wirtschaftlich gesehen. Umso ärgerlicher empfindet es Christina heute, dass die Personalthemen zunehmend zur Belastung werden. Das hatte sie sich irgendwie einfacher vorgestellt.

Literatur

Bertelsmann Stiftung: Faktencheck Gesundheit: Regionale Unterschiede in der Gesundheitsversorgung. Gütersloh: Bertelsmann Stiftung. 2011.http://www.bertelsmann-stiftung.de/fileadmin/files/BSt/Publikationen/GrauePublikationen/GP_Faktencheck_Gesundheit_Regionale_Unterschiede.pdf. Zugegriffen: 7. Juni 2013.

Gallup-Studie zum Mitarbeiterengagement, seit 2001 jährlich erscheinend.

Herzberg, F. I. (1959). *The motivation to work* (2. Aufl.). New York: Wiley.

Jansen Beratung & Training International Executive Coaching: „Mitarbeitermotivation: Die 2-Faktoren-Theorie von Herzberg", www.jbt.de/mitarbeitermotivation-die-2-faktoren-theorie-von-herzberg/. Zugegriffen: 28. Dez. 2017.

StepStone Studie über Glück am Arbeitsplatz: Glückliche Mitarbeiter – erfolgreiche Unternehmen? Ergebnisse und Empfehlungen – 2012/2013.http://www.stepstone.de/b2b/stellenanbieter/jobboerse-stepstone/upload/studie_gluck_am_arbeitsplatz.pdf. Zugegriffen: 28. Dez. 2017.

Watzlawick, P., Beavin, J. H., & Jackson, D. D. (1969). *Menschliche Kommunikation* (S. 53). Bern: Huber.

Watzlawick, P., Beavin, J. H., & Jackson, D. D. (2007). *Menschliche Kommunikation. Formen, Störungen, Paradoxien* (11. Aufl., S. 53–70). Bern: Huber.

Weiterführende Literatur

Autoren: Hans-Dieter Nolting (IGES Institut Berlin),
Karsten Zich (IGES Institut Berlin),
Dr. med. Bernd Deckenbach (IGES Institut Berlin),
Dr. med. Antje Gottberg (IGES Institut Berlin),
Kathrin Lottmann (IGES Institut Berlin),
Prof. Dr. med. David Klemperer (Hochschule Regensburg),
Marion Grote Westrick (Bertelsmann Stiftung)
Uwe Schwenk (Bertelsmann Stiftung)

Studie „GESUNDHEITSKOMPETENZ der Bevölkerung in Deutschland". Bielefeld: Universität Bielefeld, Dezember 2016. http://www.uni-bielefeld.de/gesundhw/ag6/downloads/Ergebnisbericht_HLS-GER.pdf. Zugegriffen: 28. Dez. 2017.

Herzberg, F. I., Mausner, B., & Snyderman, B. B. (1966). *Work and the nature of man.* New Jersey: Transaction Publishers.

Herzberg, F. I., Mausner, B. M., Peterson, R. V., & Capwell, D. F. (1957). *Job attitudes: Review of research and opinion.* Pittsburg: Psychological Service of Pittburg.

Mitarbeiterinnen fördern und fordern – Entwicklungsgespräche

2

Claudia Davidenko

Wer immer tut, was er schon kann, bleibt immer das, was er schon ist.

(Henri Ford)

© Tatjana Stefanowsky

© Springer Fachmedien Wiesbaden GmbH, ein Teil von Springer Nature 2019
S. F. Kock et al., *Wir müssen reden ...*,
https://doi.org/10.1007/978-3-658-22583-4_2

Kennen Sie das auch?

Bettina sitzt wie jeden Tag in ihrem Büro und erledigt die Abrechnung und das Bürowesen der Praxis. Das macht sie sehr gut. Christina ist mit ihrer Mitarbeiterin sehr zufrieden und froh, dass sie für sie arbeitet. Alles, was abrechnungstechnisch zu erledigen ist, macht Bettina. Sie kann sich zu 100 % darauf verlassen. Christina merkt, dass Bettina nach wie vor motiviert ist wie in all den Jahren schon. Damals, als sie die Praxis übernommen hatte, hatte Bettina erst kurz zuvor ihre Qualifikation in Abrechnung mit einer zusätzlichen Ausbildung absolviert. Nach der Praxisübernahme war Bettina vor lauter Umsetzungsideen kaum zu stoppen. Christina hatte dadurch einen guten Einstieg in die Praxis. Vieles hat Bettina in all den Jahren vorbildlich umgesetzt. Sie hatte zudem noch Checklisten und das QM eingeführt, denn dieser Bereich war von dem vorherigen Praxisinhaber immer sehr stiefmütterlich behandelt worden. Zudem hatte Bettina alle mit ihrem Elan mitgerissen und das Feuer dafür in allen entfacht. Auch bei Christina, obwohl sie sowieso sehr motiviert und aktiv war. Deshalb ist sie ja auch so zufrieden mit der Arbeit, die Bettina leistet. Bettina hatte ihr beim letzten Bereitschaftsdienst, als nicht viel los war, erzählt, dass sie sich gern weiter qualifizieren möchte. Was genau, weiß sie noch nicht. Vielleicht zur Praxismanagerin oder zur Fachwirtin. Auf alle Fälle will sie etwas machen. Damit hatte Christina erst einmal nicht gerechnet, hat sich jedoch zufriedengegeben, aber gleichzeitig auch nicht getraut, weiter nachzufragen. Aber Christina merkt, dass sie etwas unternehmen muss. Nur was? Denn „eigentlich" braucht die kleine Praxis keine Praxismanagerin oder eine Fachwirtin. Was passiert, wenn Christina das einfach so laufen lässt? Wird sich Bettina wieder einkriegen und sich auf ihre eigentlichen Aufgaben besinnen? Oder wird Bettina die Praxis verlassen, wenn Christina die Fortbildung nicht unterstützt? Christina wird, je weiter sie darüber nachdenkt, immer verunsicherter. Peter, ihr Ehemann sieht das mal wieder eher entspannt und ist der Meinung: „Besprich das doch einfach mal direkt mit ihr. Wie sie sich das vorstellt und was sich dann ändern wird. Welche Vorteile die Praxis davon hat. Dann wirst Du es schon erfahren und kannst eine Entscheidung treffen." Und wieder einmal hat er Recht. Nur wie soll sie so ein Gespräch führen?

Ganz anders sieht das bei der Auszubildenden Jacqueline aus. Sie hatte im letzten Jahr sehr gut gestartet und auch in der Schule hatte sie immer gute Noten. Doch seitdem sie in das zweite Lehrjahr gekommen ist, scheint sie überhaupt keine Lust mehr zu haben. Sie träumt, kommt öfter einmal zu spät in die

Praxis und die Leistungen in der Schule lassen auch nach. Zu Monika hatte sie wohl vor ein paar Wochen gesagt, dass sie am liebsten alles hinschmeißen würde. Die ganze Ausbildung ist wohl doch nicht ihres und sie hat auch keine Lust mehr. Das hatte Monika ihrer Chefin bei einer kurzen Pause erzählt. Seitdem fragt sich Christina, ob es an ihr liegt und grübelt, wie sie am besten vorgeht.

Was war passiert?
Wie Christina auch, merken viele Führungskräfte und Praxisinhaberinnen erst spät, dass die Motivation einer Mitarbeiterin nachlässt. Viele denken, dass es immer das Privatleben ist, was gerade nicht „so gut läuft". Deshalb warten die meisten also erst einmal ab. In der Hoffnung, dass es wieder besser wird. Und somit vergeht viel wertvolle Zeit.

Mitarbeiterinnen, die sehr leistungsorientiert sind wie Bettina und die eine sehr hohe Leistungs- und Lernbereitschaft sowie Motivation mitbringen, wollen sich weiterentwickeln. Sie wollen weiterkommen, beruflich und im Leben. Sie wollen und müssen gefordert werden. Gerade Gespräche wie beim letzten Bereitschaftsdienst, als nicht viel los war, als Bettina Folgendes erzählt hatte: *„Ich möchte mich gern weiter qualifizieren. Was genau, weiß ich noch nicht. Vielleicht zur Praxismanagerin oder zur Fachwirtin. Auf alle Fälle will ich noch etwas machen."* Dies sind Anzeichen dafür, dass sie sich Unterstützung durch die Führungskraft wünschen.

Lassen hingegen Motivation und Leistung nach wie bei Jacqueline, haben Sie dem unbedingt und unverzüglich auf den Grund zu gehen. Insbesondere dann, wenn es Ihnen von jemand anderem zugetragen wird, wie in unserem Beispiel von Monika: *„Zu Monika hatte sie wohl vor ein paar Wochen gesagt, dass sie am liebsten alles hinschmeißen würde. Die ganze Ausbildung ist wohl doch nicht ihres und sie hat auch keine Lust mehr."* Wenn Sie so etwas hören, handeln Sie schnell. Denn längeres Warten kann verheerende Folgen haben. Denn der Kostenfaktor der Praxis steigt an der Stelle. Warum? Mal angenommen, eine Mitarbeiterin erbringt nur noch 60 % an Leistung oder fällt komplett wegen Krankheit aus, dann haben andere Mitarbeiterinnen mitzuarbeiten. Das wiederum kann dazu führen, dass diese Mitarbeiterin dann ihre eigenen Aufgaben nicht schafft und Dinge liegen bleiben oder es kommt zu Überstunden. Und in diesem Moment fangen Sie als Praxisinhaberin an draufzuzahlen.

2.1   Weshalb Entwicklung so wichtig ist

Menschen haben grundsätzlich die Fähigkeit sich weiterzuentwickeln. Jedoch spielen neben der eigenen inneren Motivation (intrinsische Motivation) auch die äußeren Faktoren (extrinsische Motivation) eine wesentliche Rolle. Dazu zählen u. a. auch Ihre Fähigkeiten als Führungskraft. Denn einer Ihrer Aufgaben ist das Erkennen der vorhandenen Potenziale Ihrer Mitarbeiterin. Haben Sie eine gute Beobachtungsgabe und Wahrnehmung, dann sind Sie in der Lage, Ihre Mitarbeiterin zu führen, zu fordern und demzufolge zu fördern.

Menschen, die sich nicht entwickeln können oder dürfen, gehen ein wie eine Primel. Die Motivation und Freude lassen nach und somit steigen der Frust und die Unzufriedenheit.

2.1.1   Wie Entwicklung funktioniert

Da der Mensch und somit auch die Mitarbeiterin grundsätzlich in der Lage sind, sich zu entwickeln, ist eine Vorstufe davon das Lernen. Lernen ist der Erwerb neuer Verhaltensweisen. Es handelt sich dabei um einen aktiven Prozess. Denn beim Lernen kommt es durch das Üben bestimmter Abläufe zu einer Änderung im Verhalten nach einem gewissen Zeitraum. Das wichtigste dabei: Die Mitarbeiterin muss das wollen.

Menschen lernen u. a. durch Signale (Signale können auditiv, visuell, haptisch, olfaktorisch, gustatorisch sein) oder durch Beobachtung als größte Selbstmotivation. Im Fall von Christina kann sie ihrer Auszubildenden Jacqueline z. B. durch Zeigen und Erklären von bestimmten Behandlungsabläufen das fachliche Hintergrundwissen besser erläutern. Jacqueline beobachtet die Handlungen und bekommt somit zur Praxis die theoretischen Dinge verständlicher vermittelt. Eine andere Methode wäre das Aufzeigen von Konsequenzen. Christina kann ihrer Auszubildenden z. B. auch zusätzliche Aufgaben geben, die sie zu erledigen hat. Jedoch wird diese Vorgehensweise die Motivation noch mehr sinken lassen. Denn Christina muss erst einmal herausbekommen, was die genaue Ursache des Leistungsabfalls ist. Kommt z. B. im persönlichen Gespräch heraus, dass Jacqueline Schwierigkeiten beim Lernen hat, dann kann Christina eine erfahrene Mitarbeiterin wie Monika bitten, dass sie Jacqueline unterstützt. Hierbei handelt es sich um das sogenannte Lernen am Modell. Beim Lernen am Modell bekommt Jacqueline Anregungen und Hilfestellungen, wie sie am besten ihre Aufgaben erledigen kann. Das kann z. B. durch Zeigen, Erklären und selber Ausprobieren sein. Somit übt Monika ihre Vorbildfunktion aus und Jacqueline lernt nach dem Prinzip Learning by Doing.

Wird Jacqueline in der Ausübung ihrer Aufgaben immer sicherer, beginnt ein sogenannter Reifeprozess. Unter Reifung ist ein Entwicklungsprozess von bestimmten Fähigkeiten zu verstehen. Es handelt sich dabei um einen unbewussten Prozess, welcher auch nicht reversibel ist. Hierbei soll es sich um eine positive Veränderung handeln. Stellen Sie sich das am besten so vor: Während Ihres Zahnmedizin-Studiums haben Sie viel gelernt und geübt. Sie haben das theoretische Wissen in die Praxis umgesetzt. Mit jeder Wiederholung sind Sie sicherer geworden. Und nun sind die meisten Dinge schon in Fleisch und Blut übergegangen. Sie brauchen gar nicht mehr darüber nachdenken, wie Sie z. B. eine Füllung machen. Sie können es einfach. Früher hingegen haben Sie vielleicht noch einmal nachgefragt oder nachgelesen, worauf Sie genau zu achten haben. Und genau solch ein Prozess macht jeder in seinem beruflichen Kontext mit. Auch die Auszubildende Jacqueline bei Christina in der Praxis.

Hätten Sie allerdings während Ihres Studiums keine Chance gehabt, sich auszuprobieren und zu üben, wäre wahrscheinlich auch Ihre Motivation und somit Ihre Leistung gesunken. Und hier kann ein Ansatz sein, den Christina einmal ins Auge zu fassen hat: Bekommt Jacqueline wirklich alle Möglichkeiten, sich auszuprobieren, Dinge zu üben und jemanden wie Monika an die Seite gestellt, den sie fragen kann, der sie anleitet?

2.1.2 Entwicklung braucht Voraussetzungen

Wie im ersten Teil des Buches beschrieben, hatte sich der amerikanische Psychologe Abraham Maslow mit dem Thema „Was macht Menschen glücklich und erfolgreich" beschäftigt und seine Theorie in einer Pyramide dargestellt, die sogenannte Maslowsche Bedürfnispyramide.

In Bezug auf die Arbeit in der Praxis kann diese Pyramide nach Maslow wie folgt dargestellt werden:

Rang 5
Selbstverwirklichung: Eine Mitarbeiterin bekommt den Drang nach Selbstverwirklichung, wenn alle Ebenen erfüllt sind. Erst durch die soziale Anerkennung kann die Mitarbeiterin über sich hinauswachsen und die bisherige Komfortzone verlassen
Rang 4
Soziale Anerkennung: erfolgt durch entsprechendes Lob der Arbeit und Wertschätzung gegenüber der Person – jedoch angemessen und aufgabenbezogen

Rang 3

Soziale Bedürfnisse: sind auf das Team und auf den Kontakt zur Praxisinhaberin zu beziehen. Verstehen sich alle gut oder gibt es Konflikte im Team, die eine gute Zusammenarbeit erschweren. Wie erfolgt die einzelne Führung von Mitarbeiterinnen durch die Führungskraft?

Rang 2

Sicherheit: beinhaltet die Verlässlichkeit der Grundbedürfnisse, wie z. B. Bereitstellung entsprechender Sicherheitsvorkehrungen, pünktliche Gehaltszahlung, nur wenig Überstunden und Einhaltung der Absprachen für Urlaub und schriftlich fixierter Arbeitsvertrag

Rang 1

Grundbedürfnisse: Hier sind die Rahmenbedingungen für die Erfüllung einer angemessenen Arbeit zu finden. Dazu zählen z. B. ordnungsgemäßer Arbeitsplatz, entsprechende Dienstbekleidung, Festlegung der Arbeitszeiten, Urlaub und Gehalt

Bevor Christina mit ihren Mitarbeiterinnen Bettina und Jacqueline einzelne Gespräche führt, hat sie noch einmal für sich abzuklären, ob die Bedürfnisse jedes einzelnen Ranges auch tatsächlich erfüllt sind. Denn gibt es z. B. Streitigkeiten im Team (Rang 3) und die sozialen Bedürfnisse können somit nicht erfüllt werden, kann die Ursache für eine fehlende Motivation z. B. dort liegen. Liegen keine Missstimmungen im Team vor, besteht auch die Möglichkeit, dass sich die Mitarbeiterinnen zu wenig gelobt fühlen. Denn auch hier kommt es dann zu einem Leistungsabfall und fehlender Motivation. Diese Punkte sind dann im Gespräch mit abzuklären.

2.2   Ihre Aufgabe als Führungskraft: Analysieren Sie das Entwicklungspotenzial

Bettina hatte vor einiger Zeit eine Qualifizierung und die theoretischen Ansätze erfolgreich in die Praxis umgesetzt und integriert. Die Aufgabe und viele andere hat sie erfüllt. Das bedeutet, Bettina braucht ein neues Ziel. Damit Bettina ihre Motivation behält, ist es wichtig, dass Christina sie jetzt weiter fördert. Somit bekommt sie neben der fachlichen Qualifikation auch einen persönlichen Entwicklungsschub. Informationen von und über Bettina und welchen Aufgabenbereich sie zukünftig noch übernehmen kann bzw. welche bisher ungenutzten Potenziale es noch auszuschöpfen gibt, sind die Voraussetzung, damit Christina ein erfolgreiches Entwicklungsgespräch mit Bettina führen kann. Dazu benötigt sie eine gute Vorbereitung.

Machen Sie sich vor dem Gespräch Notizen zu folgenden Punkten
Was?

- Was habe ich bei meiner Mitarbeiterin während der Arbeit wahrgenommen, gesehen?
- Was habe ich von meiner Mitarbeiterin über ihre Aufgabenbereiche gehört?

Wie?

- Wie verläuft die bisherige Aufgabenerledigung/Erfüllung meiner Mitarbeiterin?
- Wie zufrieden bin ich persönlich mit der bisherigen Arbeit/Aufgabener-füllung?
- Wie erfolgt die Zusammenarbeit mit Kollegen/im Team?
- Wie kann ich sie fachlich fördern?
- Wie kann ich sie persönlich weiterentwickeln?
- Wie kann ich ein neues Aufgabengebiet in die Praxis integrieren?

Welche?

- Welche persönlichen Stärken hat meine Mitarbeiterin?
- Welche Stärken sind noch auszubauen?
- Welche persönlichen Schwächen hat meine Mitarbeiterin?
- Welche Schwächen sind weiter zu reduzieren?
- Welche Aufgaben/Aufgabengebiete machen ihr besonders viel Spaß?
- Welche Aufgaben macht sie überhaupt nicht gern?

2.2.1   Bereiten Sie sich und Ihre Mitarbeiterin auf das Gespräch vor

Entwicklungsgespräche kommen in der Praxis in regelmäßigen Abständen vor. Jedoch führen Sie diese sehr individuell durch. Handelt es sich bei dem Entwicklungsgespräch um ein Gespräch zur weiteren Leistungssteigerung, z. B. weil eine Ihrer Mitarbeiterinnen das Potenzial bzw. den Wunsch nach Qualifikation hat. Oder weil sich die Leistung verschlechtert hat. Wünschen Sie, dass eine Mitarbeiterin eine Weiterbildung oder zusätzliche Ausbildung absolviert oder kommt der Wunsch direkt von Ihrer Mitarbeiterin, achten Sie dabei stets darauf, dass die entsprechende Qualifizierung auch zu den Zielen ihrer Praxis passen.

Egal, um welche Art Gespräch es sich handelt: Ihre Aufgabe als Führungskraft ist es, diese Gespräche zu führen. Bereiten Sie sich stets gut darauf vor und machen Sie sich vorab Notizen über die Themen und Punkte, die Sie besprechen wollen. Geben Sie Ihrer Mitarbeiterin jedoch auch die Gelegenheit, sich vorzubereiten. Erkennen Sie im Gespräch immer die bisher erbrachte Leistung an und sagen Sie das auch ganz klar. Sagen Sie auch, wo Sie noch Potenziale sehen bzw. in welchen Bereichen sich Ihre Mitarbeiterin noch entwickeln kann. Somit können Sie Aufgaben neu übertragen und damit den Handlungs- und Verantwortungsbereich Ihrer Mitarbeiterin erweitern. Das wiederum hat zur Folge, dass die Motivation Ihrer Mitarbeiterin weiter steigen wird.

Eine gute Gesprächsvorbereitung ist für eine erfolgreiche Umsetzung enorm wichtig. Da es hier um die zukünftige weitere Zusammenarbeit geht, ist es wichtig, dass auch Ihre Mitarbeiterin sich gut vorbereitet. Auch sie soll sich zum Thema ihre Gedanken machen. Sprechen Sie auch hier eine Einladung aus und verabreden Sie sich zu einem festen Termin, frei von Störfaktoren.

Christina kann z. B. wie folgt formulieren, wenn Sie Bettina zum Gespräch einlädt:

Bettina, Du hattest mir ja vor ein paar Wochen erzählt, dass Du Dich gern weiter qualifizieren möchtest. Darüber möchte ich gern mit Dir sprechen. Denn mein Ziel ist es, dass Du Dich in der Praxis, mit Deinen Aufgaben, im Team und mit mir als Deine Chefin wohl fühlst. Lass uns einfach mal in Ruhe sprechen, was Du Dir für Dich vorstellst und was das für die Praxis bedeutet. Ich habe uns für nächste Woche Donnerstag einen Gesprächstermin um 13 Uhr herausgesucht und eingeplant. Bitte lass uns dafür das Beratungszimmer nutzen. Mir ist wichtig, dass Du Dich auch gut vorbereitest und Gedanken machst. Damit Du ein paar Anregungen hast, gebe ich Dir einen Ideengeber mit. Nutze diesen gern neben Deinen persönlichen Notizen. Ich freue mich auf das Gespräch!

Checkliste für die „Einladung" zum Gespräch
Achten Sie auf folgende Punkte, wenn Sie ihre Mitarbeiterin zum Gespräch einladen:

- Benennen Sie den Tag und die Uhrzeit
- Bestimmen Sie den Ort bzw. die entsprechende Räumlichkeit
- Sorgen Sie für eine ungestörte Atmosphäre (keine Störfaktoren wie Telefon oder Zwischenfragen von anderen Mitarbeitern)

- Stellen Sie etwas zum Trinken bereit
- Legen Sie Stift und Notizblock bereit
- Füllen Sie das Gesprächsprotokoll anschließend aus und lassen Sie es unterschreiben

Es gibt zwei Arten von Entwicklungsgesprächen. Das eine Entwicklungsgespräch führen Sie bei vorhandenem Potenzial und das andere Gespräch, wenn Sie bemerken, dass die Leistung schwächer wird. Das Ziel beider Gespräche ist allerdings immer das „Herausholen" vorhandener Potenziale. In beiden Fällen geht es um Leistungssteigerung. In der Praxis von Christina führt sie einmal ein Gespräch mit Bettina und einmal mit ihrer Auszubildenden Jacqueline.

2.2.2 Die Gesprächsvorbereitung für die Mitarbeiterin

Im Gespräch mit Bettina, die den Drang dazu hat, sich weiterzuentwickeln (die Initiative kam von der Mitarbeiterin), sollte dies auch Inhalt des Gesprächs sein, so wie es am Anfang des Kapitels vom Ehemann vorgeschlagen wird: Was möchte die Mitarbeiterin und wie sieht sie selbst die Möglichkeiten, die Zusatzqualifikation in die Praxis einzubringen.

2.2.2.1 Als Vorbereitung für neue Aufgaben/Qualifikation

Geben Sie Ihrer Mitarbeiterin am besten eine Vorlage mit, damit Sie ein paar Anhaltspunkte hat, über die sie sich Gedanken machen soll. Als Idee dient Ihnen die Mustervorlage in Abb. 2.1.

Damit Sie sich ebenso gut auf das Gespräch vorbereiten können, nutzen Sie ebenfalls einen Fragenkatalog. Dieser ist an die der Mitarbeiterin angelehnt:

- Wie zufrieden sind Sie mit der Erfüllung der Aufgabengebiete?
- Welche Aufgabenbereiche kann Ihre Mitarbeiterin noch erfüllen?
- Welche Aufgabenbereiche kann sie ggf. auch abgeben?
- Welche Qualifikation streben Sie für Ihre Mitarbeiterin an?
- Was kann die Mitarbeiterin in Ihrer Praxis erreichen?
- Was kann sie im Team erreichen?

Vorbereitung Gespräch – Mitarbeiterin

Zufriedenheit einschätzbar wie folgt:

☺ sehr zufrieden

:-I relativ zufrieden

☹ überhaupt nicht zufrieden

Arbeitsplatz und Aufgabengebiet Wie zufrieden sind Sie mit Ihrem Arbeitsplatz? Welche Verbesserungsvorschläge haben Sie? Wie zufrieden sind Sie mit Ihrem Aufgabengebiet? Welche Aufgabenbereiche wollen Sie noch erfüllen? Welche Aufgabenbereiche möchten Sie unbedingt abgeben? Wie zufrieden sind Sie mit Ihrer Position? Welche Qualifikation streben Sie an?	
Ziele und Interessen Welches berufliche Ziel verfolgen Sie? Was wollen Sie in meiner Praxis erreichen? Was wollen Sie im Team erreichen?	
Gefühle Welche Befürchtungen und Ängste treten bei Ihnen auf, wenn Sie an Ihre momentanen Aufgaben denken? Welche Risiken sehen Sie? Welche Chancen können Sie nutzen?	

Abb. 2.1 Vorlage Gesprächsvorbereitung

2.2.2.2 Als Vorbereitung bei Leistungsabfall und mangelnder Motivation

Führen Sie ein Entwicklungsgespräch aufgrund eines Leistungsabfalls, suchen Sie auch hier einen passenden Gesprächstermin und sprechen die Mitarbeiterin an und laden Sie diese ebenfalls zum Gespräch ein. Christina hat ihre Auszubildende Jacqueline wie folgt zum Gespräch gebeten:

> *Liebe Jacqueline, mir ist aufgefallen, dass Du in letzter Zeit öfter als einmal zu spät gekommen bist. Zudem habe ich den Eindruck, dass Du Deine Arbeit nicht mehr so gern ausübst. Darüber möchte ich gern mit Dir sprechen. Ich möchte wissen, was los ist und wo ich Dich unterstützen kann. Denn mein Ziel ist es, dass Du eine gute Ausbildung bekommst und Dich in der Praxis wohl fühlst. Lass uns einfach in Ruhe darüber sprechen. Bitte lass uns am Montag um 10 Uhr im Beratungszimmer treffen.*

Erstellen Sie sich auch hier einen Gesprächsleitfaden. Dieser kann wie in Abb. 2.2 gezeigt aussehen.

Um was geht es?	Was soll anders werden?
1. Wie erfolgt die Erledigung der Aufgabenbereiche?	1. Wie werden Aufgabenbereiche zukünftig erledigt?
2. Welches Verhalten wird gezeigt?	2. Was genau soll sich am Verhalten ändern?
Was habe ich wahrgenommen/gesehen/ beobachtet usw.?	Wer aus dem Team kann Unterstützung leisten?

Abb. 2.2 Gesprächsleitfaden – Enwicklungsgespräch bei Leistungsabfall

Ihre Gesprächsvorbereitungen nutzen Sie für das Gespräch nur als „roten Faden". Es geht darum, dass Sie im Dialog wirklich alles sagen und hinterfragen, was Ihnen aufgefallen ist bzw. was sich ändern wird oder soll.

So sieht Ihr Gesprächsablauf aus

1. Gesprächseinstieg

Für ein erfolgreiches Gespräch benötigen Sie wie bei allen anderen Gesprächen auch eine ruhige und störungsfreie Atmosphäre. Damit Sie wissen, wie es Ihrer Mitarbeiterin geht und welche Sicht sie auf die zu besprechenden Themen hat, soll sie auch anfangen, sich zu äußern. Im Fall von Christina sieht das bei beiden Gesprächen wie folgt aus:

Gespräch mit Bettina

Bettina, schön, dass wir hier zusammen sind und über Deine Aufgabengebiete und sich daraus ergebende Chancen zur Qualifizierung sprechen. Ich hatte Dich ja gebeten, dass Du dir mal ein paar Gedanken über Dein Aufgabengebiet machst, da ich das Gefühl habe, Du bist nicht mehr so ausgefüllt und glücklich mit dem, was Du machst. Erzähl doch mal, was bewegt und beschäftigt Dich?

Gespräch mit Jacqueline

Jacqueline, ich freue mich, dass wir hier und jetzt ganz ungestört miteinander sprechen können. Ich hatte Dir ja letzte Woche schon gesagt, dass mir aufgefallen ist, dass anscheinend Deine Lust an der Arbeit/Ausbildung nicht mehr so vorhanden ist, wie es vor gut ein paar Monaten der Fall war. Erzähl doch mal, was ist denn los? Was genau ist passiert?

Lassen Sie immer zuerst Ihre Mitarbeiterin antworten. Denn dann haben Sie die Chance, wirklich zu erfahren, was los ist, und was ihre Mitarbeiterin bewegt. Beginnen Sie mit Ihren Schilderungen, kann es passieren, dass sich Ihre Mitarbeiterin vor den Kopf gestoßen fühlt und sich dann nicht mehr traut, Dinge zu sagen oder anzusprechen.

2. Dialog

Nachdem sich Ihre Mitarbeiterin geöffnet hat und erzählt hat, was los ist bzw. wie sie die Sache sieht, arbeiten Sie verstärkt mit den sogenannten offenen Fragen. Die Art Ihrer Fragetechnik ist wichtig, damit Sie entweder mehr Informationen oder eine Entscheidung von Ihrer Mitarbeiterin bekommen.

Übersicht Fragearten

Offene Fragen	Geschlossene Fragen
Beginnen mit einem Fragewort wie z. B. Wohin, Was, Wer, Wozu, Wann, Wie, Weshalb, Woher, Wieso usw.	Beginnen mit einem Verb wie z. B. wollen, können, haben usw.
Ziel: Sie bekommen mehr Informationen und kommen bei Bedarf ggf. dadurch an die Ursache/den Grund	**Ziel:** Sie bekommen eine Entscheidung – ja oder nein
Anzuwenden: im Dialog, um zu erfahren, wie die Sichtweise des Gegenübers ist	Anzuwenden: Zum Einstieg oder Abschluss eines Gespräches, um fertig zu werden

Wenn Sie im Gespräch eine Antwort bekommen, mit der Sie wenig anfangen können, oder die Ihnen unzureichend in der Aussagekraft ist, dann fragen Sie immer mit offenen Fragen nach. Machen Sie sich auch Notizen zu den Aussagen, welche Sie von ihrer Mitarbeiterin bekommen. Dann können Sie sich in einem Folgetermin noch einmal darauf berufen.

Unterscheiden Sie auch hier, ob es sich um ein Gespräch zur weiteren Qualifikation handelt oder, um dem Leistungsabfall auf den Grund zu gehen. Im Fall von Christina kann sie z. B. mit folgenden offenen Fragen das Gespräch am Laufen halten:

Gespräch mit Bettina für weitere Qualifikationsmöglichkeiten

Bettina, vielen Dank für Deine Ausführungen …
Bitte erkläre mir noch einmal genau, welche Vorteile das für die Praxis hat. Was konkret können wir mit Deiner Qualifikation verbessern/verändern/optimieren?
Wie stellst Du Dir das mit der Bezahlung vor?
Wenn die Ausbildung in die Arbeitszeit fällt, wie soll Deiner Meinung nach der Ausgleich stattfinden?
Was ändert sich dadurch für mich/für Deine Kolleginnen/Patienten usw.?

Gespräch mit Jacqueline zur Steigerung der Leistung und Motivation

Jacqueline, Danke für Deine Antwort. Bestimmte Dinge sind mir jedoch noch nicht klar. Deshalb frage ich einfach mal nach.
Was genau meinst Du, Du bekommst den theoretischen Stoff nicht mehr gebacken?
Welche Veränderungen gab es denn in der Schule, dass Du nicht mehr hinterherkommst?

Welche Gründe gibt es denn noch, dass Du morgens zu spät kommst?
Was können wir alle gemeinsam tun, damit Du Dich wieder wohl fühlst und wieder
Spaß an Deiner Arbeit bekommst?

Sind alle offenen Fragen geklärt und besprochen, dann können Sie zum Abschluss des Gespräches kommen. Bei einem Entwicklungsgespräch benötigen Sie immer noch einmal einen zweiten Termin. Denn Sie müssen ja wissen, was sich bei Ihrer Mitarbeiterin getan hat und selbst eine Rückmeldung geben.

3. Abschluss

Wenn Sie zum Abschluss kommen, dann bedanken Sie sich bei Ihrer Mitarbeiterin und beenden das Gespräch mit einer geschlossenen Frage. Bei Christina sieht das im Gespräch mit ihren Mitarbeiterinnen wie folgt aus:

Bettina

Liebe Bettina, ich danke Dir für Deine offenen und ehrlichen Worte. Ich freue mich, dass Du so zielstrebig bist. Bitte informiere Dich genau über die Inhalte, Zeitumfang und den Preis für Deine Fortbildung. Lass uns dann zeitnah einen neuen Termin festlegen. Bist Du damit einverstanden?

Jacqueline

Liebe Jacqueline, mir gefällt, dass wir so offen über Deine Leistungen und den Grund für Deine Lustlosigkeit gesprochen haben. Dafür vielen Dank! Bitte lass uns die besprochenen Möglichkeiten nutzen und ausprobieren. Ich bespreche das auch noch mit Bettina und Klara. Wir finden eine Möglichkeit, dass Du das theoretische Wissen, was ja wirklich schwer zu erlernen ist, mehr in der Praxis durch praktische Erfahrungen vertiefen kannst. Wir unterstützen Dich! Denn es wäre ja schade, wenn das der einzige Grund ist, dass Du Deine Ausbildung abrechen willst. Denn Du hast das Zeug für eine richtig gute zahnmedizinische Fachangestellte. Ich möchte mich gern in vier Wochen wieder mit Dir zusammensetzen. Ich lege den Termin dafür schon fest. Zwischendurch werde ich immer wieder bei Dir nachfragen, wie es Dir ergeht und was Du brauchst. Bist Du damit einverstanden?

2.3   So sieht Ihr Gesprächsablauf für eine Zielvereinbarung aus

Das Ziel dieser Gesprächsart ist, Ihre Mitarbeiterin darüber zu informieren, wie Sie ihre Leistungen einschätzen und welche Entwicklung Sie erkennen. Sie besprechen, welche Ziele und Maßnahmen zur Leistungsoptimierung anzustreben sind, und welche Entwicklungsmöglichkeiten Ihre Mitarbeiterin hat. Diese sollen mit Ihren Praxiszielen vereinbar sein. Gestalten Sie das Gespräch über vier Phasen:

4. Phase – Gesprächseröffnung

Benennen Sie ganz klar den Gesprächsanlass und setzen Sie die voraussichtliche Dauer für das Gespräch fest. Sagen Sie auch ganz konkret, was Sie sich von dem Gespräch erhoffen und dass Sie sich den Dialog als offenen und ehrlichen Austausch wünschen.

Beispiel:

Liebe Bettina. Schön, dass wir so zeitnah zueinandergefunden haben, um über Deine Qualifikation zur Praxismanagerin zu sprechen. Bis 15 Uhr haben wir jetzt Zeit für unser Gespräch. Ich möchte, dass wir ganz offen und ehrlich über Deine Qualifizierungsmaßnahme und deren praktische Umsetzung sprechen. Denn mir ist wichtig, dass wir das auch parallel gleich in den Praxisalltag umsetzen.

5. Phase – Zielvereinbarung besprechen

Formulieren Sie das Ziel eindeutig. Sprechen Sie von Ihren Wahrnehmungen, Beobachtungen und daraus resultierenden Erkenntnissen. Holen Sie sich eine Meinung Ihrer Mitarbeiterin ein. Greifen Sie die Ideen und Anregungen auf und klären Sie, wo es Gemeinsamkeiten und an welchen Stellen es Unterschiede gibt.

Beispiel:

Ich begrüße es, dass Du die Fortbildung zur Praxismanagerin machst und diese im Sommer abgeschlossen ist. Denn ich habe schon lange den Eindruck, dass Du mehr Aufgaben übernehmen kannst und möchtest. Oder hat sich daran etwas geändert? … (antworten lassen).

Ich hatte Dich ja gebeten, Dich genau zu erkundigen, mit welchen Lehrinhalten Du schon durch Deine jetzigen Aufgaben vertraut bist und welche neuen Aufgaben- und Themengebiete hinzukommen werden. Welche sind das konkret? … (antworten lassen).

6. Phase – Zielerreichung definieren

Haben Sie in der zweiten Phase die Ziele vereinbart, definieren Sie nun, wann das Ziel erreicht ist. Legen Sie Standards fest und dokumentieren Sie diese schriftlich. Vereinbaren Sie mögliche Prüfkriterien. Klären Sie ab, welche Hilfestellungen und Begleitungen erforderlich sind. Legen Sie zum Abschluss den Zeitraum für die Erfüllung fest.

Beispiel:

Im Sommer diesen Jahres ist die Qualifizierungsmaßnahme theoretisch beendet. Es ist wichtig, dass Du Dein erworbenes Wissen möglichst parallel gleich in den Praxisalltag umsetzen kannst. Ich unterstütze Dich dabei. Meine Vorstellung dazu, dass das auch wirklich klappt, ist folgende: In den Teamsitzungen stellst Du vor, was Du gelernt hast und was für unsere Praxis wichtig erscheint. Dann legen wir fest, wie die praktische Umsetzung aussehen kann. Sind das Dinge, die länger an Zeit brauchen, arbeiten wir mit einer Aufgabenliste. Dann ist auch das gesamte Team involviert und wir profitieren alle von Deiner Fortbildung. Somit brauchen wir wahrscheinlich im täglichen Praxisalltag etwas länger mit der Umsetzung. Denkst Du, dass der Zeitraum bis Ende des Jahres realistisch ist? ...

7. Phase – Gesprächsbeendigung

Sind alle Punkte geklärt und schriftlich erfasst worden, wünschen Sie Ihrer Mitarbeiterin viel Erfolg. Bieten Sie Ihrer Mitarbeiterin noch einmal Hilfestellung an. Anschließend vereinbaren Sie einen zweiten Termin für ein Folgegespräch. Damit zeigen Sie, dass Sie „dranbleiben" und Ihre Mitarbeiterin unterstützen.

Beispiel:

Liebe Bettina, ich wünsche Dir für die Ausbildung zur Praxismanagerin viel Erfolg und vor allem viel Spaß. Gutes Gelingen beim Lernen und ausprobieren. Wenn ich Dich unterstützen kann – und sei es nur moralisch – sprich mich bitte an. Ich bin für Dich da. Bitte lass uns in zwei Monaten noch einen Termin vereinbaren, an dem wir besprechen, wie so der Zwischenstand ist.

2.4   Bei einem Entwicklungsgespräch haben Sie immer ein Folgegespräch

Damit Entwicklung auch wirklich funktionieren kann, ist es Ihre Aufgabe als Führungskraft, am Ball zu bleiben und zu gegebener Zeit nachzufragen. Planen Sie deshalb im Vorfeld den Folgetermin möglichst immer schon einmal mit ein. Machen Sie sich auch hier noch einmal Gedanken über das Thema und über die Inhalte des letzten Gespräches. Lassen Sie alles noch einmal Revue passieren und schreiben Sie sich die wichtigsten Punkte noch einmal auf.

Christina kann sich z. B. im Fall von Bettina Gedanken machen, wie sie sie finanziell unterstützen kann und will. Zudem kann sie schauen, wie ein Ausfall durch Bettina zu kompensieren wäre. Und sie kann sich überlegen, welche neuen Aufgabenbereiche sie ihr geben kann bzw. welche sich für die Praxis neu erschließen lassen.

Bei ihrer Auszubildenden Jacqueline soll sich Christina Notizen machen, was sie in den letzten Wochen beobachtet hat. Was hat sie an positiven Veränderungen wahrgenommen und welche Auswirkungen hat das auf das Team? Dazu gehören jedoch auch die Punkte, bei denen es noch zu keiner Veränderung gekommen ist. Oder wo die Veränderungen erst minimal zu verzeichnen sind.

Egal, um welche Art Entwicklungsgespräch es sich handelt. Fragen Sie auch im zweiten Termin immer mit offenen Fragen nach. Denn nur dann bekommen Sie die gewünschten und notwendigen Informationen.

Zu guter Letzt

Nachdem Christina sich mit dem Thema Entwicklungs- bzw. Zielvereinbarungsgespräch mehr belesen und informiert hatte – sie war dabei auf auch auf die Website von Kock + Voeste, einem bekannten Praxisberatungsunternehmen gestoßen, auf der sie einige hilfreiche Checklisten fand – fühlte sie sich irgendwie erleichtert. Zu ihrem Mann Peter sagte sie: „Danke für Deine Ruhe, Deine Gelassenheit und Dein offenes Ohr. Was würde ich nur machen ohne Dich?"

Aus Fehlern lernen – Kritikgespräche

Stephan F. Kock

> *Nicht jeder, der uns schont, ist ein Freund, nicht jeder, der uns tadelt, ein Feind.*
>
> (Augustinus Aurelius)

© Tatjana Stefanowsky

© Springer Fachmedien Wiesbaden GmbH, ein Teil von Springer Nature 2019
S. F. Kock et al., *Wir müssen reden ...*,
https://doi.org/10.1007/978-3-658-22583-4_3

Kennen Sie das auch?

Sie war nun gut zwei Jahre niedergelassen, und ja, es war viel leichter als anfangs gedacht. Aber jetzt passiert es schon wieder! Hatte sie Klara nicht zu verstehen gegeben, dass das so nicht geht? Es kann ihr doch nicht entgangen sein, dass sie sie nur über die kalte Schulter bedachte. Waren ihre gering-schätzenden Blicke denn nicht zur ihr durchgedrungen? Wie verbohrt muss man sein, wenn man das nicht wahrnimmt? Was hatte Klara – verdammt noch mal – nicht verstanden? Es muss doch wohl jedem klar sein, dass man Patienten nicht so mir nichts dir nichts über den Mund fahren kann. Wo käme man denn da hin, wenn jeder so mit den Patienten umspringt?

Sie war es einfach leid. Immer und immer wieder hinter ihr herzuräumen. Was für ein Aufwand, den Patienten mitzuteilen, dass das sicher nicht so gemeint war und sicher nicht ihre Zustimmung findet und sie sich nur entschuldigen kann für dieses völlig inakzeptable Verhalten. Muss man sich denn um alles kümmern? Können die Mitarbeiter sich denn nicht einmal wie normale Menschen verhalten?

Hätte sie das vorher gewusst.

Nur gut, dass die anderen Mitarbeiterinnen nicht auch so wenig patienten-orientiert sind. Kann sie sich an denen denn kein Beispiel nehmen? Das sind doch Regeln des ganz normalen Umgangs miteinander. Man kann doch über alles reden. Je mehr sie darüber nachdachte, desto klarer wurde ihr, dass sie so ein Verhalten nicht tolerieren kann. Sie wird ihr sagen, was sie von ihr und ihrem Verhalten hält. Und zwar bei nächster Gelegenheit. Jetzt muss sie erst einmal die Patienten versorgen und dann eine gute Gelegenheit abpassen. Sie würde schon sehen, was sie davon hat, wenn sie sich nicht patientenorientierter verhält.

Der Tag verlief wie so viele Tage zuvor. Das Wartezimmer war voll. Die Patienten so lala. Jede Menge Arbeit, die getan werden musste. Ein Wust von Dokumentation und Bürokratie. Ihre Stimmung war – na ja.

Da – endlich bot sich eine Gelegenheit. Sie war gerade allein im Funktions-raum – vermutlich um, ... ach das wusste sie auch nicht so genau. Schließlich konnte sie sich ja nicht um alles kümmern. Also ging sie auf ihre Mitarbeiterin Klara zu und sagte: „Klara, wir müssen reden." Die so Angesprochene schaute sich verwundert um und entgegnete: „Ja, worüber denn?"

Das war ja klar, fuhr es ihr durch den Kopf. Sich keiner Schuld bewusst. Also sagte sie: „So kannst Du nicht mit den Patienten umgehen! Das muss doch wohl jedem klar sein, dass Patientenorientierung das A und O des Praxiserfolges ist. Denkst Du, es macht mir Spaß, immer und immer wieder Deine Patzer auszu-bügeln? Bei Deinen Kolleginnen passiert das doch auch nicht. Werd endlich ver-nünftig! Kein Wunder, dass Du allein bist. Also, reiß Dich zusammen."

Klara wollte gerade noch etwas sagen, als sie sich schon wieder auf den Weg machte. Sie hatte gar nicht wahrgenommen, dass Bettina am Türpfosten lehnte und die ganze Episode mitgehört hatte. Was soll's. Als sie die Praxis verließ, rief sie noch: „Ich bin dann mal weg. Und denk drüber nach …"

Auf dem Weg nach Hause dachte sie, dass die Mitarbeiterführung eigentlich das Schwerste an der ganzen Selbstständigkeit ist. Wenn die nicht wäre, das wäre super. Aber so ist es, man sucht Mitarbeiter und es kommen Menschen. Ja, und dann, dann fangen die Probleme an.

Was war passiert?

Nun, viele Praxisinhaberinnen scheuen Kritikgespräche. Ihnen fehlt es an Erfahrung mit dieser Gesprächsform. Sie fühlen sich unsicher, wann, wo und wie sie das Gespräch führen sollen bzw. ihre Kritik anbringen können. Sie möchten die oft so knappe Zeit nicht mit endlosem Palaver verschwenden. Sie wollen keine langatmigen Schleifen zu Anschuldigung, Verteidigung oder Rechtfertigung. Manchmal befürchten sie, dass Kritik die Beziehung zur Mitarbeiterin belasten könnte oder Ähnliches mehr. Vor diesem Hintergrund kommt es verständlicherweise zu Unbehagen, *„Aufschieberitis"* und Vermeidungsreaktionen. In der täglichen Beratungsarbeit begegnen mir Gründe wie

- geringes Selbstbewusstsein,
- großes Harmoniebestreben,
- fehlende Konfliktfähigkeit und/oder -bereitschaft

So wie in der im Kapiteleingang beschriebenen Geschichte. Die Praxisinhaberin hatte vermutlich entweder schon Feedback- und/oder auch Kritikgespräche mit Klara geführt. Diese haben aber nicht den gewünschten Erfolg gezeitigt. Oder aber sie hatte noch kein Feedback und keine Kritik laut werden lassen und explodierte einfach, als ihre Grenzen überschritten wurden und das Maß aus ihrer Sicht voll war.

3.1   Wozu dienen Kritikgespräche eigentlich?

Menschen machen Fehler, aber niemand macht sie gern oder freiwillig. Entsprechend unangenehm ist es, wenn Fehler entdeckt oder aufgedeckt werden und sich der Verursacher damit konfrontiert sieht. Aber Fehler sind nicht nur schlecht, sie bieten Entwicklungsmöglichkeiten und somit Chancen. Das wesentliche Ziel eines Kritikgespräches ist daher die Leistungsverbesserung oder wie von

Anne Schüller ausgedrückt: *„Kritikgespräche sind also in Wirklichkeit Förder-gespräche und damit Geschenke"* (Schüller 2009).
Wann können Sie Kritikgespräche nutzen?

Kritikgespräche eignen sich, um
- die Motivation und die Leistung einer Mitarbeiterin zu steigern,
- die eigenen Erwartungen an die Mitarbeiterin zu kommunizieren,
- Ursachen für Fehler und/oder Fehlverhalten (hier: Patientenorientierung) zu klären,
- Verbesserungsoptionen und mögliche Lösungen festzulegen
- und künftigen Fehler vorzubeugen.

Oder das Kritikgespräch ist dann anzuwenden, wenn eine Mitarbeiterin trotz wiederholter Fördergespräche ungenügende Leistungen erbringt oder sich ihr negatives Verhalten trotz eines Feedbackgesprächs nicht ändert. Sie teilen der Mitarbeiterin mit, dass Sie ihre mangelhaften Leistungen nicht länger hinnehmen und drohen ihr entsprechende Folgen an.

Gute Kritik jedoch ist hilfreich und wirkt
- Gute Kritik schafft ein besseres Maß an Zielerreichung.
- Gute Kritik unterstützt die gemeinsame Entwicklung von Praxiszielen.
- Gute Kritik erhöht die Mitarbeitermotivation.
- Gute Kritik hilft, das Praxisklima zu verbessern.
- Gute Kritik schafft Platz für Vertrauen und Offenheit.
- Gute Kritik verschafft Ihnen Respekt und Erfolg als Führungskraft und Praxis-leitung.
- Gute Kritik ist ein wesentlicher Baustein der Mitarbeiterinnenentwicklung in jeder Praxis.

Vermeiden Sie Fehler beim Kritisieren
Grundsätzlich ist Kritik eine gute Sache, doch Sie können die Atmosphäre schnell vergiften, wenn Sie sie unangemessen und/oder unsachlich formulie-ren. Vermutlich kennen Sie auch Situationen in Ihrem Leben, in denen Sie sich unangemessen oder unsachlich kritisiert sahen. So werden Sie vermutlich auch schmerzhafte Erfahrungen mit *„schlechter"* Kritik gesammelt haben. Wie kommt es eigentlich dazu, dass Kritik als *„schmerzhaft"* erlebt werden kann? Dass die Kritik oft nicht gut ankommt oder nicht so, wie man es meinte (das Gegenteil von gut ist häufig gut gemeint), liegt an dem *„Wie"*. Denn wer kritisiert, gerät schnell in die Rolle des Mächtigeren oder sieht sich so – auch unbewusst. Das drückt er

dann oft auch unbewusst aus – etwa indem er verallgemeinert (*„Wie oft soll ich dir das denn noch sagen?"*) oder den Eindruck vermittelt, er könne alles besser (*„Das ist doch wohl klar, wie man mit Patienten umzugehen hat, muss ich denn alles allein machen?"*).

Kennen Sie Kritik, die schmerzt?
Hören Sie gern, dass Sie etwas falsch gemacht haben? – Eben. Niemand hört gern Kritik. Klar, dass Sie sauer, verschnupft, verunsichert oder sonst etwas sind.

Kritik trifft uns, das ist menschlich, denn jeder hat schon verletzende Erfahrungen gemacht. Wenn Sie als Praxisinhaberin eine Mitarbeiterin kritisieren und dabei, unabhängig davon, ob absichtlich oder zufällig, einen wunden Punkt treffen, dann reagieren Menschen empfindlich. Ist die Kritik aber konstruktiv und geht die kritisierte Mitarbeiterin entsprechend damit um, dann schmollt sie nicht oder rastet aus, sondern nutzt sie für sich. Es gilt, die sachlichen, zielführenden Informationen aus der Kritik herauszuziehen, konstruktiv umzusetzen, und der Kritikerin gegenüber angemessen zu reagieren – getreu dem Ausspruch von Augustinus Aurelius: *„Nicht jeder, der uns schont, ist ein Freund, nicht jeder, der uns tadelt, ein Feind."*

3.2   Doch es gibt einige Todsünden

Todsünden, durch die Ihre Kritik unangemessen und schmerzhaft ausfallen kann, werden im Folgenden geschildert.

3.2.1   Autoritäre Kritik verfehlt das Ziel

Hier geht es einer Praxisinhaberin, in unserem Beispiel Christina, nicht um ein partnerschaftliches Miteinander, sondern darum, der Mitarbeiterin ihre Perspektive aufzudrücken. So lässt sie eine Reihe von Behauptungen, Wertungen, Unterstellungen und auch Beleidigungen (*„Kein Wunder, dass Du allein bist..."*) vom Stapel. Eine Form der Kritik, die abwertend, geringschätzig und unwürdig ist und Menschen degradiert. Hier wird zurechtgestutzt oder wie der Volksmund sagt: *„Sie einnorden ..."*, *„Ihr den Marsch blasen ..."* oder *„Sie sich zur Brust nehmen"*. Wer so kritisiert, hat sich schon längst entschieden von *„oben nach unten"* zu führen. Die Mitarbeiterin wird als „Untergebene" wahrgenommen und behandelt. Keine Partnerschaftlichkeit. Keine Augenhöhe.

Solch eine Kritik wird kaum Wirkung entfalten können, sondern eher Angst verbreiten und das Gegenteil erreichen, nämlich innere Kündigung, Rebellion,

Unverständnis, Rechtfertigung, Dienst nach Vorschrift oder Ähnliches mehr. Es mutet bedauerlich und eventuell hilflos an, wenn jemand Kritik mit „*Dampf ablassen*" verwechselt, dann fehlt noch die Einsicht, dass Kritik ein wichtiges Führungsinstrument ist, das, passend eingesetzt, hilfreich und motivierend ist. Was werden Ihre Mitarbeiterinnen von Ihnen denken, wenn Sie aus der Haut fahren und danach nur kleine Brötchen backen können. Bedenken Sie: Der Ton macht die Musik.

3.2.2 Keine persönliche Kritik

Es ist immer zielführend, bestimmtes Verhalten zu kritisieren, nie aber ist es sinnvoll, Menschen persönlich zu kritisieren bzw. sie unterhalb der Gürtellinie treffen zu wollen. Das bedeutet, dass Anspielungen auf Charakter, persönliche Lebensumstände (*„Kein Wunder, dass Du allein bist …"*), Beleidigungen oder persönliche Angriffe auszubleiben haben. Werden Sie persönlich, dann werten Sie Ihre Mitarbeiterin ab, grenzen sie aus der Gruppe der *„guten"* Mitarbeiterinnen aus. Wenn Sie persönlich werden, dann erreichen Sie Ärger, Wut, Mutlosigkeit, Rechtfertigung, Angst, Apathie oder sogar Zorn.

3.2.3 Kritisieren Sie nicht im Beisein anderer

Die Praxisinhaberin, in unserem Beispiel Christina, hat sicher mit guter Absicht gehandelt, als sie das Gespräch im Funktionsraum mit Klara suchte. Angedacht war ein Gespräch unter vier Augen, es wurden dann aber doch sechs, da Bettina dazukam. Wie schon geschrieben, *„sicher mit guter Absicht"*. Doch wie sagt man? *„Das Gegenteil von gut ist häufig gut gemeint."*

Dass die Praxisinhaberin mit ihrer Kritik im Vorbeigehen nicht punkten konnte, ist verständlich, wenn man bedenkt, dass Menschen in der Regel nach Anerkennung streben. Das ist ein Grundbedürfnis. So wie das Bedürfnis, dazuzugehören. Beides wird durch die Kritik im Beisein einer dritten Person missachtet. Klara läuft Gefahr, ihr „Gesicht zu verlieren". Sie fühlt sich wahrscheinlich bloßgestellt und wird vermutlich umso weniger bereit sein, den sicher berechtigten Kern der Kritik zu akzeptieren. Sie wird sich dagegen verwehren müssen, auch um vor der Kollegin bestehen zu können. Ein offener Schlagabtausch zwischen Klara und ihrer Arbeitgeberin könnte sich anschließen, nur um sich zu verteidigen. Wir wissen nicht, was Klara und Bettina – allein im Funktionsraum – nach der Kritik noch besprachen, aber wir dürfen wohl davon ausgehen, dass Klara sich erklärte:

„Was die schon wieder hat. Nichts kann ich ihr recht machen. Immer nur auf mich. Und mein Privatleben geht sie gar nichts an." Selbst bei berechtigter Kritik verstärkt sich der Widerstand der kritisierten Person, wenn die Kritik in Anwesenheit Dritter erfolgt. Kritisieren Sie also nur unter vier Augen!

3.2.4 Unterlassen Sie ironische oder sarkastische Kritik

„Cool, Klara! Für eine Mitarbeiterin mit Deiner Erfahrung eine wirklich tolle Leistung, diese Patientenansprache. Und welche Wortwahl und Eloquenz. Demnächst können wir ja alle so mit unseren Patienten reden. Vielleicht zum Fasching? Wäre doch krass?"

An einem solchen Beispiel können Sie selbst wahrnehmen, wie ironische oder sarkastische Kritik verletzen kann. Ironie ist eine sehr scharfe Waffe und gehört nicht in die Hände der Arbeitgeberin. Ironie ist der Närrin vorbehalten, nicht der Königin. Ein so geführtes Kritikgespräch entzieht jeder guten, offenen Zusammenarbeit den Boden, auf dem Vertrauen wachsen sollte. Solche eine Kritik ist unter die Gürtellinie geschlagen und Gift für ein gutes, vertrauensvolles und nachhaltiges Miteinander.

3.2.5 Suchen Sie das persönliche Gespräch und vermeiden Sie Distanziertheit

Kritik via Telefon, E-Mail oder WhatsApp? Vergessen Sie's! Wenn Sie keinen Krieg wollen bzw. keinen Krach, dann suchen Sie das persönliche Gespräch. Sozusagen Auge in Auge. Die Praxisinhaberin, die sich mit ihrer Kritik ans Telefon hängt oder eben mal mit der Mitarbeiterin schreibt, weiß nicht, in welcher Situation sich die Mitarbeiterin gerade befindet: Brauchen die Kinder Aufmerksamkeit? Steht das Essen auf dem Herd? Müssen Einkäufe erledigt werden? Oder, oder, oder …

Wie würden Sie sich fühlen, wenn Ihnen so begegnet werden würde? Was muss man denken, tun und fühlen, um auf die Idee zukommen, dass es ggf. unwichtig sein könnte, was die Mitarbeiterin gerade tut oder wo sie sich befindet?

Wenn Sie als Kritikführende nur auf das Hören setzen, kann es sein, dass Ihnen wichtige Zugangskanäle der Kommunikation verschlossen bleiben und Sie letztlich nicht wissen, wie Ihre – vielleicht berechtigte Kritik – ankommt.

Eine schriftliche Kritik, womöglich über die WhatsApp-Gruppe der Praxis, wird die Mitarbeiterin auch nicht in geeigneter Weise erreichen. Solch eine Kritik ist öffentlich, distanziert und unpassend. Bei schriftlicher Kritik, das ist nicht von der Hand zu weisen,

- braucht die Praxisinhaberin der Mitarbeiterin nicht von Angesicht zu Angesicht gegenüber zu treten,
- muss sich die Praxisinhaberin keine Rechtfertigungs- oder Entschuldigungslitaneien anhören und
- muss sich die Praxisinhaberin nicht auf ein Gespräch einlassen, in dem sich herausstellen könnte, dass das Ganze ganz anders war als wahrgenommen.

Sie sind gut beraten, wenn Sie sich fragen, ob die „Vorteile", die Ihnen aus der Distanz erwachsen, eine schriftliche Kritik rechtfertigen.

Eine E-Mail oder eine WhatsApp-Nachricht, mit der eine Kritik übermittelt wird, lässt nicht auf die Empathie des Absenders rückschließen. Wenn die digitale Post auch noch in einen praxisdeckenden Verteiler geht, sind Verärgerung und Verletztheit der Betroffenen verständlich und nachvollziehbar.

Schon im Gespräch können mehr Missverständnisse auftreten als einem lieb sind. Bei schriftlicher Kommunikation ist dem auch so, wenn nicht noch schlimmer, weil häufig „zwischen den Zeilen" gelesen und hypothetisiert wird. Faire, konstruktive und angemessene Kritik beinhaltet immer die Möglichkeit der Stellungnahme und Erklärung. Auf dem Schriftwege ist dies nicht oder nur unzureichend möglich. Kritisieren Sie daher immer persönlich im Gespräch.

3.2.6 Besser Kritik anstatt Missachtung

Manche Praxisinhaberin sucht den Weg der indirekten Kritik. Der Mitarbeiterin gegenüber äußert sie ihre Kritik durch stillschweigende Missbilligung (*„Es kann ihr doch nicht entgangen sein, dass sie sie nur über die kalte Schulter bedachte. Waren ihre geringschätzenden Blicke denn nicht zu ihr durchgedrungen?"*) Wählen Vorgesetzte den Weg der stillschweigenden Kritik, übersehen sie nur zu oft, dass bei der betroffenen Mitarbeiterin ein ständiges Gefühl von Unsicherheit besteht und eine Abänderung des Fehlverhaltens nicht möglich ist, weil das erwünschte Verhalten nicht kommuniziert wird und die Mitarbeiterin schlicht nicht weiß, was von ihr erwartet wird. Wenn eine Praxisinhaberin sich in ihren *„Schmollwinkel von Erwartungen"* zurückzieht (*„Muss man sich denn um alles kümmern? Können die Mitarbeiter sich denn nicht einmal wie normale Menschen verhalten."*), wird die Mitarbeiterin nie erfahren, was die Missachtung verursacht hat, und es besteht die Gefahr, dass sich ein Fehlverhalten, ggf. unbeabsichtigt, wiederholt.

3.2.7   Kritik nicht übermitteln lassen

Was braucht es noch, um zu verdeutlichen, dass man konfliktscheu ist und einer Konfrontation lieber aus dem Wege geht? Was denken Mitarbeiterinnen über eine Chefin, die ihre Konflikte delegiert? (*„Sprechen Sie mal mit der Klara, Sie sind doch befreundet."*) Zudem ist nicht von der Hand zu weisen, dass Informationen niemals *„ungefiltert"* weitergegeben werden sollten. Selbst wenn die Informationen unverfälscht weitergegeben werden würden, was soll eine Mitarbeiterin von ihrer Vorgesetzten denken, wenn diese sich einer Botin bedient?

3.2.8   Kritik nicht mit in die „Freizeit" geben

Es gibt Praxisinhaberinnen, die ihren Mitarbeiterinnen Kritik auf den Heimweg oder für den Feierabend mitgeben. (*„Als sie die Praxis verließ, rief sie noch: Ich bin dann mal weg. Und denk drüber nach …"*) Gerechtfertigt wird dieses Verhalten damit, dass die Mitarbeiterin nun den ganzen Abend Zeit hat, in sich zu gehen. Vermutlich gerät diese Kritik dann auch nicht in Vergessenheit und die Mitarbeiterin versteht endlich mal, *„was Phase ist"*. Die so Kritisierenden verkennen häufig, dass die nächsttägliche Zusammenarbeit dadurch nicht zwingend gefördert, sondern eher behindert wird. Durch die im letzten Moment ausgesprochene Kritik fühlt sich die Mitarbeiterin belastet und in ihrer Lebensqualität eingeschränkt.

Ähnlich verhält es sich, wenn es Kritik kurz vor dem Urlaub oder währenddessen gibt. Da sagen Praxisinhaberinnen dann Sachen wie:

„Da muss die Klara nur eine Woche im Urlaub sein und schon läuft alles wie geschmiert."
„Die lernt es doch sowieso nie."
„Was sich Klara nur dabei gedacht hat, sich so den Patienten gegenüber zu zeigen?"

Bei so einer Kritik kann sich die Betroffene nicht zur Wehr setzen. Es kann sogar dazu kommen, dass Kritik in solchen Situationen unangemessen scharf ausfällt. Nach der Rückkehr einer so *„gescholtenen"* Person wird diese von ihren Kolleginnen über das Gesagte informiert. Dass es hierbei zu Verfälschungen, Umkehrungen oder Ähnlichem kommt, ist selbstverständlich. Die Praxisinhaberin kann so zwar Dampf ablassen, aber das Vertrauen zwischen ihr und ihrer Mitarbeiterin tritt sie mit Füßen.

3.2.9 Aufgeschoben ist nicht aufgehoben

Kritikgespräche müssen unmittelbar nach der Fehlleistung geführt werden und nicht Wochen oder Monate später, auch wenn manch eine Praxisinhaberin denken mag: *„Wenn ich schon kritisiere, dann soll es sich auch lohnen.“* Aufgehoben wird das dann allzu oft bis zum Mitarbeitergespräch, der passenden Gelegenheit (*„Jetzt musste sie erst einmal die Patienten versorgen und dann eine gute Gelegenheit abpassen.“*) oder einem anderen zukünftigen Ereignis oder Zeitpunkt. Wird bis zum Mitarbeitergespräch aufgeschoben, kommt es immer wieder dazu, dass das Gespräch als Chance genutzt wird, sämtliche Verfehlungen der jüngeren und ferneren Vergangenheit zu bemühen. Wird so vorgegangen, empfindet die betroffene Mitarbeiterin Kritik, die verschoben wurde, häufig als unnütz oder unpassend. Entweder, sie ist sich keines Fehlverhaltens bewusst oder sie vermag sich an die genauen Umstände ihres Verhaltens nicht mehr zu erinnern. Vielleicht hat sie ihr Verhalten aufgrund der Empfehlungen ihrer Kolleginnen verändert oder sie hat ihr Fehlverhalten eingesehen und längst revidiert. Gesammelte Kritik wirkt auf jeden Menschen niederschmetternd bzw. vernichtend. Kritisieren Sie also zeitnah, denn Mitarbeiter lernen am meisten aus ihren Fehlern, wenn zwischen der geleisteten Arbeit und der Kritik noch ein *„frischer“* Zusammenhang gesehen werden kann. Dennoch, ein bisschen Abstand hilft Ihnen, sich *„abzukühlen“*, sich vorzubereiten und ein zielführendes und passendes Gespräch zu führen.

3.2.10 Nicht nachtragend sein

„Sie sollten sich zurückhalten. Wissen Sie noch, welch groben Schnitzer Sie sich bei dem Patienten … geleistet haben?“ Niemand lässt sich gern alte und längst abgegoltene Sünden bei jeder sich bietenden Gelegenheit vorhalten. Bleiben Sie ruhig und gelassen, wenn jemand in Ihren alten, fast verheilten Wunden herumstochert? Wenn Sie einmal ein Verhalten kritisiert haben, dann ist es an Ihnen, einen Schlussstrich zu ziehen! Nur wenn Ihre Kritik unerhört verhallt ist, braucht es einen erneuten Anlauf.

3.2.11 Keine Vergleiche mit Kolleginnen

Gelegentlich neigen Praxisinhaberinnen dazu, die kritisierte Mitarbeiterin mit Kolleginnen zu vergleichen (*„Bei Deinen Kolleginnen passiert das doch auch nicht. Werd endlich vernünftig!“*) – sicher in guter Absicht und dennoch nicht mit dem gewünschten Erfolg. So erfährt Klara letztlich „*nur*", dass sie nicht wie die anderen ist, was aber genau von ihr erwartet wird, erfährt sie nicht.

Ein Vergleich kann auch unbeabsichtigt erfolgen, wie in einer Praxis, in der mir der Inhaber seine Mitarbeiterinnen vorstellte und damit begann zu sagen: „*Das hier ist Frau XY – mein bestes Pferd im Stall.*" Die anderen „*Pferde*" fanden diese Beschreibung unpassend, und das nicht nur wegen des tierischen Inhaltes, sondern auch wegen des Vergleiches. Wertschätzung sieht anders aus. Ein Umstand, der bei Mitarbeiterinnen nicht zu Erkenntnisprozessen führt. Eine klare Erwartungsformulierung ist das, was hier benötigt wird.

3.2.12 Wer schreit, hat Unrecht

Es ist nicht zielführend und kein Hinweis auf Menschlichkeit und/oder Partnerschaftlichkeit, wenn eine Praxisinhaberin „*aus der Haut fährt*", „*explodiert*" oder „*sich nicht im Griff*" hat. Mitarbeiterinnen sind keine Kinder, die der Erziehung durch die Praxisleitung bedürfen. Mitarbeiterinnen sind – auch wenn es Ihnen vielleicht schwerfallen mag, das zu glauben – erwachsene Menschen. Es gibt keinen Grund und auch keine Veranlassung, den nötigen Respekt zu verlieren und sich seinen Unmut von der Seele zu brüllen.

3.3   Womit Sie rechnen dürfen, wenn Sie Todsünden im Kritikgespräch begehen

Die Folgen unangebrachter oder unpassend formulierter Kritik sind mannigfaltig. Hier nur eine kleine Liste möglicher Folgen:

- Das Arbeitstempo verschlechtert sich.
- Die Begeisterung lässt nach.
- Die Disziplin bleibt auf der Strecke.
- Die Einsatzbereitschaft leidet.
- Der Fleiß bröckelt.
- Die Geduld reißt.
- Die Hilfsbereitschaft ist getrübt.
- Das Interesse lässt nach.
- Die Kollegialität gerät aus den Fugen.
- Die Loyalität schwindet.
- Die Motivation ist im Tief.
- Nickeligkeiten nehmen zu.

- Objektivität nimmt ab.
- Pflichtbewusstsein wird kleingeschrieben.
- Rücksichtnahme ist Mangelware.
- Sorgfalt erst nach Feierabend.
- Tatkraft ist schwach.
- Vertrauen fällt schwer.
- Zuverlässigkeit fehlt.

3.4   Was für eine Kritikerin sind Sie?

Nehmen Sie sich etwas Zeit, um der Sache auf den Grund zu gehen. Nutzen Sie den nachfolgenden Selbsttest (in Anlehnung an VNR Verlag 2015). Bedenken Sie: Je ehrlicher Sie dabei zu sich selbst sind, desto größer wird Ihr Mehrwert sein. So vergeben Sie die Punkte:

Ja = 3 Punkt, teilweise = 2 Punkte, nein = 1 Punkt

	ja	teilweise	nein
1. Mir fällt es schwer, Kritik offen auszusprechen.	–	–	–
2. Meine Mitarbeiterinnen scheuen sich, mich auf Fehler aufmerksam zu machen.	–	–	–
3. Vor einem Kritikgespräch habe ich immer feuchte Hände oder andere körperliche Anzeichen von Nervosität.	–	–	–
4. Ich schiebe Kritikgespräche gern auf, manchmal erübrigen sie sich dann.	–	–	–
5. In meinen Kritikgesprächen kommt es oft zu Streitigkeiten.	–	–	–
6. Meine Mitarbeiterinnen kennen meine aufbrausende Art.	–	–	–
7. Das Verhalten meiner Mitarbeiterinnen ändert sich nach den Kritikgesprächen kaum.	–	–	–
8. Wenn in einer Gaststätte das Essen nicht gut ist, spreche ich das nicht offen an, weil das nur Ärger gibt.	–	–	–
9. Ich brause sehr leicht auf, wenn etwas nicht so läuft, wie ich es will.	–	–	–
10. Wenn eine Mitarbeiterin im Gespräch laut wird, weiche ich lieber etwas von meiner Meinung ab, damit der Streit nicht eskaliert.	–	–	–
11. Ich bin es gewohnt, mich durchzusetzen, koste es, was es wolle.	–	–	–

Und so werten Sie den Test aus:
11–18 Punkte:
Prima, Ihnen fällt es nicht schwer, Kritik anzusprechen, und in der Regel, verändern Ihre Mitarbeiterinnen auch ihr Verhalten.

18–33 Punkte:
Machen Sie eine differenzierte Analyse: Wenn Sie die Fragen 1, 3, 4, 8, und 10 eher mit Ja als mit Nein beantwortet haben, können Sie an Ihrer Konfliktbereitschaft bzw. -fähigkeit arbeiten. Sie müssen sich vermutlich keine Gedanken machen, dass Sie Ihre Mitarbeiterinnen zu viel kritisieren oder sie durch falsche Wörter verletzen, denn Sie scheinen ein sensibler und eher feinfühliger Mensch zu sein. Versuchen Sie nicht, Kritik zu vermeiden, gehen Sie auf Ihre Mitarbeiterinnen zu und geben Sie Ihnen Feedback.

Haben Sie die Fragen 2, 5, 6, 9 und 11 mit Ja beantwortet, können Sie an Ihrem Dominanzverhalten arbeiten. Sie sprechen kritische Dinge sofort und ohne Umschweife an. Das ist gut und wichtig. Und denken Sie daran, dass es effizienter sein kann, nicht immer mit dem Kopf durch die Wand zu gehen. Vermeiden Sie es, Mitarbeiterinnen durch zu große Härte und Offenheit zu verletzen.

Niemand ist wirklich perfekt. Alle Menschen machen von Zeit zu Zeit Fehler, Sie auch – oder? Deshalb ist Kritik ein wesentliches Führungsmittel, wenn sie zielführend eingesetzt wird, aber auch nur dann. Andernfalls kann sie vernichtend und niederschmetternd sein. Doch wenn Sie Ihre Mitarbeiterinnen darauf aufmerksam machen, was Ihrer Meinung nach nicht gut gelaufen ist, dann helfen Sie ihnen, besser zu werden. Sie geben ihnen eine Chance, die sie sonst nicht hätten.

3.5   Vorbereitung ist Ihre halbe Miete

Ein Kritikgespräch verläuft sehr viel besser, wenn Sie es gründlich und sorgfältig vorbereiten. Damit ist auch gemeint, dass Sie ein solches Gespräch nicht zwischen zwei Patientenkonsultationen schieben. Die Vorbereitung hilft Ihnen und Ihrer Mitarbeiterin. So stellen Sie sicher, dass Sie nicht unberechtigt kritisieren und einfach nur *„Dampf ablassen"*, sondern konstruktiv und aufbauend *„korrigieren"*.

Bedenken Sie, dass da, wo Menschen arbeiten, Fehler geschehen. Das ist normal. Es wird Ihnen helfen, sich in der Vorbereitung auf das Gespräch nicht mit den berechtigten Anliegen Ihrer Patienten zu beschäftigen, sondern mit Ihrer Mitarbeiterin.

3.5.1   Fragen Sie sich im Vorfeld Folgendes:

• Was ist eigentlich genau passiert?
• Was hat die betroffene Mitarbeiterin überhaupt dazu beigetragen?
• Was haben andere Mitarbeiterinnen zu der Situation beigetragen und in welchem Umfang?
• Was haben Sie ggf. selbst in dieser Situation zu verantworten?
• Wenn eine solche Situation schon häufiger vorgekommen ist, wie kam es dazu?

Wenn Sie sich diese Fragen beantwortet haben – und hier kann Schriftlichkeit hilfreich sein –, ist Ihre Vorbereitung fast beendet. Es gibt noch einige weitere Fragen, deren Antworten für Sie wesentlich sein werden und Sie vor unsinnigen Kritikgesprächen schützt. Fragen Sie sich:

• Worum geht es? – Erkennen und bestimmen Sie, worin sich die Abweichung bemerkbar macht.
• Woran liegt es? – Untersuchen Sie die Gründe, Einflüsse und Zusammenhänge, die das „Fehlverhalten" begünstigen.
• Was will ich eigentlich? – Formulieren Sie Ihr realistisches Ziel im Zusammenhang des Fehlverhaltens.
• Was will die Mitarbeiterin? – Welche Interessen, Motive, Werte, Befürchtungen oder Ähnliches hat die Mitarbeiterin?
• Was will die Mitarbeiterin unternehmen? – Wie will die Mitarbeiterin Abhilfe schaffen? Bezieht sie sich auf Vorerfahrungen?
• Wie kann ich unterstützen? – Ideen zur Abhilfe benennen, erarbeiten, bewerten und entscheiden.
• Wie gehen wir vor? – Planen Sie Maßnahmen, Zeitpläne und Controlling ein.
• Was werden Sie tun, wenn es nicht so läuft, wie vorgestellt? – Reaktionen auf Unerwartetes.

Sie wissen, dass sich Fehler nicht komplett vermeiden lassen und zum menschlichen Verhalten gehören wie Atmen. Die Fehlerhäufigkeit geht allerdings deutlich zurück, wenn Sie sich dazu in der Vorbereitung auf ein Kritikgespräch auch fragen:

• Kann ich meine Aussagen mit nachvollziehbaren, überprüfbaren Tatsachen untermauern?
• Kann ich mich auf konkrete, wenn auch untypische Einzelfälle beziehen oder leite ich meine Verallgemeinerung aus belastbaren Verhaltensstichproben ab?

- Habe ich bei meinem Urteil alle denkbaren Zusammenhänge und Facetten einbezogen oder gehe ich von einfachen Ursache-Wirkung-Zusammenhängen aus?
- Habe ich der Mitarbeiterin meine Erwartungen mitgeteilt?
- Habe ich ihr mitgeteilt, welche Bedeutung ihre Arbeit hat und unter welchen Richtlinien diese zu erbringen ist?
- Habe ich alle Voraussetzungen (Ausbildung, Ressourcen) geschaffen, damit sie die gewünschte Leistung erbringen kann?
- Habe ich eine Aufgabe gewählt, die zumutbar und vor allem ihren Stärken angemessen ist?
- Habe ich der Mitarbeiterin Gelegenheit gegeben, sich zu den Zielen – so sie denn bestehen – zu äußern und eigene Vorschläge zu machen, und war ich bereit, ihre Ideen anzuhören?
- Habe ich der Mitarbeiterin gesagt, welche Unterstützung sie von mir erwarten kann?
- Habe ich der Mitarbeiterin genügend Freiraum gewährt, damit sie sich entwickeln kann?
- Habe ich mit ihr über mögliche Hindernisse bei ihrer Leistung gesprochen?
- Habe ich genug getan, um den Kontakt zur Mitarbeiterin passend zu gestalten?
- Habe ich die Mitarbeiterin über alle aus ihrer Sicht wichtigen Vorgänge informiert?
- Habe ich der Mitarbeiterin regelmäßig gesagt, wie ich ihre Leistung einschätze? Habe ich dabei die positiven Aspekte ausreichend stark hervorgehoben oder vor allem die negativen Aspekte betont?

Mal angenommen, Sie können einige dieser Fragen mit einem klaren Ja beantworten, dann wäre es angebracht, zu prüfen, ob statt des Kritikgespräches nicht besser ein Problemlösungsgespräch angezeigt wäre. Die groben Inhalte eines solchen Gespräches setzen sich wie folgt zusammen:

1. Was ist das genannte Problem?
2. Welche Lösungen gibt es?
3. Bewertungen der Lösungen
4. Entscheidung für passende Lösungen
5. Ausführung der sich ergebenden Maßnahmen
6. Kontrolle

3.5.2   Nicht jede mag Kritik

Was, wenn Ihre Mitarbeiterin Ihre Kritik abwehrt? Solch Verhalten ist normal und auch verständlich. Sie sind gut vorbereitet, wenn Sie schon im Vorfeld damit rechnen und mögliche Abwehrmechanismen einkalkulieren. Sie sind immer auf der sicheren Seite, wenn vorangegangene Zielvereinbarungen die Basis Ihrer Kritik und Ihres Vorgehens bilden. Dennoch kann es zu Abwehrreaktionen kommen.

Welche Abwehrreaktionen können Ihnen begegnen?	Wie können Sie damit verfahren
Der Sachverhalt wird bestritten	Qualifizierte Vorbereitung, Fakten an der Hand haben
Aussagen Dritter werden bestritten	Künftig enger kontrollieren; keine Gegenüberstellung
Ausreden, Bagatellisierung	Auf die Bedeutung des Fehlers für die Praxis hinweisen
Aggressionen	Beruhigen, positiven Hintergrund des Kritikgespräches verdeutlichen; der Mitarbeiterin ihren Nutzen aufzeigen
Auf „Durchzug" treffen	Hinterfragen, thematisieren
Unterwerfung	Meinung der Mitarbeiterin abfragen
Rechtfertigung, Ausreden	Die Mitarbeiterin auf ihre Verantwortung für die Zielerreichung verdeutlichen

3.6   Wie können Sie Ihr Kritikgespräch aufbauen?

Da das Ziel Ihres Kritikgespräches nicht Explosion, Dominanz oder „Fertigmachen" ist, sondern die Entwicklung Ihrer Mitarbeiterin und die Behebung möglicher Schäden, macht eine gute Vorbereitung Sinn. Das Kritikgespräch ist ein sehr wichtiges Führungsinstrument. Durchdacht, vorbereitet und zielorientiert eingesetzt, wird es Ihren Führungsalltag in der Praxis vereinfachen und unterstützen, und nebenbei werden Sie sich als eine Praxisinhaberin positionieren, der die Mitarbeiterinnen folgen und vertrauen.

Sie können Ihr Kritikgespräch wie in meinem Vortrag „Mitarbeiter-gespräche leicht gemacht" in 10 Schritte einteilen:

1. Vorbereitung
2. Gesprächseinstieg
3. Benennen des zu kritisierenden Verhaltens
4. Bewertung des zu kritisierenden Verhaltens
5. Stellungnahme erfragen und zulassen
6. Mitarbeiterin für Korrektur gewinnen
7. Vereinbarung von Maßnahmen zur künftigen Vermeidung des Fehlverhaltens
8. Vereinbarung von Maßnahmen zur Schadensbegrenzung
9. Vereinbarung von Kontrolle und Folgen bei Nichteinhalten der Vereinbarungen
10. Abschluss

Und so könnten Sie Ihr Kritikgespräch führen:

1. Positive **Gesprächseröffnung**
   „Ich freue mich, dass wir Zeit für ein gemeinsames Gespräch gefunden haben. Danke."
2. **Fehlverhalten benennen** und Mitarbeiterin um Einschätzung bitten (Bitte kein einseitiges Abkanzeln!)
   „Ich habe wahrgenommen, dass Du XY zum wiederholten Male nicht berücksichtigt hast. Darüber bin ich enttäuscht und verärgert. Wie siehst Du das?"
3. **Aktiv zuhören,** Perspektive der Mitarbeiterin nachvollziehen und Verständnis aufbringen
   „Ich verstehe Dich so, dass Du XY machtest, weil Du Dir der ABC nicht bewusst warst?"
4. Gemeinsam **nach Gründen** für das Fehlverhalten suchen
   „Wie kam es dazu, dass Du XY machtest?"
5. **Gemeinsam** überlegen, was zu tun ist, um das **Fehlverhalten in Zukunft** zu **vermeiden**
   „Was denkst Du, wie kannst Du sicherstellen, dass XY nicht wieder geschieht?"
6. Je nach Anlass gemeinsam **Auswirkungen** auf die Praxis betrachten
   „Was denkst Du, welche Auswirkungen solch ein Verhalten auf die Praxis und deren Erfolg hat?"
7. Prüfen, was Sie als Praxisinhaberin zur **Unterstützung** beitragen können
   „Was könnte ich aus Deiner Sicht ggf. dazu beitragen?"

8. **Künftiges Verhalten vereinbaren** und klare Erwartungen formulieren (die Mitarbeiterin soll sich ausdrücklich zu den angestrebten Veränderungen äußern)

   „Also aus meiner Sicht haben wir gemeinsam vereinbart, dass Du XY künftig unterlässt und stattdessen ABC tust. Was denkst Du dazu? Sollte ABC Dir nicht möglich sein, werden wir erneut miteinander sprechen und Alternativen überlegen müssen. Dabei habe ich unser Gespräch so verstanden, dass Du mitgenommen hast, dass eine Trennung möglicherweise unumgänglich wäre."

9. Mitarbeiterin **Mut** zusprechen

   „Ich bin sicher und zuversichtlich, dass wir gemeinsam eine gute, gangbare Lösung gefunden haben. Sicher werden wir in wenigen Wochen darüber lachen können."

10. Auf **Kontrolle** des künftigen Verhaltens hinweisen

    „Damit Du sicher sein kannst, auf den gewünschten Wegen zu wandeln, werden wir uns in einer Woche erneut zusammensetzen, um Deine Erfolge zu besprechen und zu schauen, ob noch etwas für Deine Unterstützung fehlt oder alles auf dem richtigen Wege ist."

11. **Positiver,** einvernehmlicher **Abschluss**

    „Danke, dass Du Dir Zeit genommen hast. Ich bin erleichtert und zufrieden. Wir haben gemeinsam ein gutes Ergebnis erzielt. Ich wünsche Dir noch einen guten Tag."

So verläuft Ihr Kritikgespräch „passend"

- Seien Sie ruhig und freundlich in der Gesprächseröffnung!
- Seien Sie konkret!
- Geben Sie Kritik zeitnah!
- Geben Sie Kritik nur direkt, nicht über Dritte!
- Machen Sie die Subjektivität Ihrer Eindrücke deutlich!
- Geben Sie negatives Feedback immer in der Ich-Form!
- Zeigen Sie Folgen auf!
- Hüten Sie sich vor Ironie und Sarkasmus!
- Kritisieren Sie, loben Sie nicht!
- Fragen Sie und hören Sie zu!
- Führen Sie Ihr Kritikgespräch niemals spontan und unvorbereitet („Explosion")!
- Treffen Sie eine Vereinbarung!
- Fassen Sie das Ergebnis gemeinsam schriftlich zusammen!

Kontroll-Checkliste für Ihr Kritikgespräch

	Ja	Nein
Bleiben Sie im Sachzusammenhang oder weichen Sie ab?	–	–
Hören Sie aktiv zu?	–	–
Prüfen Sie den sachlichen Gehalt der Information auf seine Belastbarkeit?	–	–
Erkennen Sie, wenn Ihre Mitarbeiterin mit Scheinargumenten arbeitet?	–	–
Verstehen Sie die Argumentationslinie Ihrer Mitarbeiterin?	–	–
Verstehen Sie die Beweggründe, die Ihre Mitarbeiterin angibt?	–	–
Haben Sie das Gefühl, dass die Mitarbeiterin sich „rausredet"?	–	–
Haben Sie das Gefühl, dass Sie von Ihrer Mitarbeiterin „eingelullt" werden?	–	–
Wiederholt Ihre Mitarbeiterin sich?	–	–
Weicht Ihre Mitarbeiterin vom Thema ab?	–	–
Stellt Ihre Mitarbeiterin Ihnen Suggestivfragen?	–	–
Will Ihre Mitarbeiterin Sie überreden oder überzeugen?	–	–
Verunsichern Ihre Fragen Ihre Mitarbeiterin?	–	–
Geht Ihre Mitarbeiterin auf Ihre Fragen und Schwierigkeiten ein?	–	–

Kontroll-Checkliste für die Vorbereitung Ihres Kritikgesprächs

	Ja	Nein
Sind die benötigten Unterlagen vollständig vorhanden?	–	–
Habe ich mich auf mögliche Notizen vorbereitet?	–	–
Steht mein Gesprächsleitfaden für das Gespräch?	–	–
Ist klar, wo das Gespräch stattfinden soll?	–	–
Ist klar, wann das Gespräch stattfinden soll?	–	–
Ist klar, wer ggf. noch an dem Gespräch teilnehmen sollte?	–	–
Sind die ggf. nötigen Teilnehmerinnen eingeladen?	–	–
Ist klar, wie ich mögliche Unterbrechungen (Telefon, Mitarbeiterinnen etc.) vermeide?	–	–
Werde ich einen Kaffee oder ein anderes Getränk anbieten?	–	–

	Ja	Nein
Habe ich die Einladung ausreichend vorher ausgesprochen/versandt?	–	–
Habe ich klargestellt, wie lange das Gespräch dauern wird?	–	–
Habe ich mögliche Verbesserungsmaßnahmen vorbereitet?	–	–
Bin ich gut auf Einwände oder Ähnliches vorbereitet?	–	–
Habe ich eine klare Vorstellung von einem für mich guten Ergebnis?	–	–
Ist mir ausreichend klar, wie ich das Gespräch beende?	–	–

Das Gegenteil von gut ist häufig gut gemeint

Es heißt, der Ton mache die Musik, oder: „Wie man in den Wald ruft, so schallt es heraus." Wenn Sie auch dieser Auffassung sind, kann es sinnvoll sein, dass Sie sich verschiedene, mögliche Aussagen Ihrer Kolleginnen mal anschauen und selbst sehen, was Sie schon bei der Wortwahl tun können, um Kritik vernehm- und annehmbarer zu gestalten. Die Übersicht in Tab. 3.1 hilft, für die gewählte Sprache zu sensibilisieren.

Tab. 3.1 Wortwahl bei Kritikgesprächen

Angriffig	Annehmbarer
Du machst einfach alles falsch, Klara, so geht das nicht!	*Bei dieser Arbeit ist es mir wichtig, dass ABC ...*
Mensch! Du arbeitest schon wieder ohne Sinn und Verstand – Du bist unverbesserlich	*Wie kommt es, dass Du ABC tust?*
Soll dieser Brief etwa gut geschrieben sein? Nennst Du das einen gut geschriebenen Brief?	*Mir ist es sehr wichtig, dass Briefe, die meine Praxis verlassen, passend sind, daher möchte Dir gern mitteilen, woran ich einen guten Brief erkenne ...*
Bei Dir bin ich es leid. Schon zig- mal habe ich Dir gesagt, dass XY nicht geht, wann begreifst Du das endlich?	*Weshalb gehst Du so vor? Was denkst Du, was ich in dieser Angelegenheit von Dir erwarte?*
Wenn Du Dir endlich mal Mühe geben würdest, dann könnte ich Dir auch beim Gehalt entgegenkommen	(Einfach weglassen!)

(Fortsetzung)

Tab. 3.1 (Fortsetzung)

Angriffig	Annehmbarer
Du bist die echte Unordnung in Person. Sieh Dir doch mal Deinen Arbeitsplatz an. Ein Saustall	*Ich erlebe Deinen Arbeitsplatz als unordentlich. Mir ist es sehr wichtig, dass eine Ordnung in der Praxis erlebbar wird, die meinen Ansprüchen genügt, dann fühle ich mich sicher und kann mich besser auf die Anliegen der Patienten konzentrieren*
Weißt Du eigentlich, wie peinlich das ist, Dich immer wieder auf Deine Leistungen anzusprechen?	(Nach Ihrem Kritikgespräch äußern Sie sich am besten nicht zu dem Gespräch und dessen Inhalten.)
Das schaffst Du doch nie!	*Ich bin sicher, dass Du beim nächsten Mal erfolgreich sein wirst!*
Du machst einfach alles falsch!	*Wie wäre es für Dich, wenn wir noch mal über die Erwartungen, die ich an Dich und Deine Arbeit habe, sprechen?*
Du bist völlig ungeeignet	*Vermutlich habe ich XY noch nicht erklärt oder meine Erwartungen ausreichend formuliert*
Wenn Du nicht immer nur an Deine XY denkst, dann könnest Du auch besser ABC	*Ich fühle mich nicht ernstgenommen, wenn ich merke, dass meine Wünsche und Erwartungen missachtet werden. Mir ist es sehr wichtig, dass von allen ABC getan wird*
Von Dir habe ich noch nie ein vernünftiges XY gesehen	*Was denkst Du, wie XY bei unseren Patienten ankommt?*
Du raffst es einfach nicht. Deine Kolleginnen haben das auch schon wahrgenommen	*In vielen Dingen ist Deine Arbeit einwandfrei, aber bei XY fehlt mir noch etwas, worüber ich mit Dir sprechen möchte …*
Du bist einfach zu blöd	*Ich denke, dass es für unsere Patienten, für Dich und für mich einfacher wäre, wenn ABC getan würde. Was benötigst Du, damit es Dir gelingt?*
Du bist eine echte Trantüte	*Mir ist es sehr wichtig, dass den Patienten zu jedem Zeitpunkt die volle Aufmerksamkeit zuteilwird. Wenn Du XY tust, dann denke ich, dass diese Aufmerksamkeit nicht ausreichend vorhanden ist und dass das unserem Praxiserfolg abträglich ist, was mich ärgert*

Zu guter Letzt

Am Ende war es gut, dass sie Klara nochmal angesprochen hatte. Peter, ihr Mann, wies darauf hin, dass man Kritikgespräche auch anders führen kann, als sie es getan hatte. Als sie Klara bat, sich nochmals mit ihr hinzusetzen, mit Zeit und Ruhe, war diese verblüfft und erfreut zugleich. Sie ließ Klara wissen, dass es ihr im Nachhinein leid tat, dass sie sie so zwischen Tür und Angel angesprochen hatte. Außerdem sei es unangemessen gewesen, ihr so zu begegnen. Schließlich hatte sie ihr nie mitgeteilt, was sie eigentlich im Patientenumgang erwartet. Ihr Glaube, dass Einstellung und Bezahlung ausreichend sei, war falsch. Das hatte sie nun verstanden.

Ihr fiel dazu eine Geschichte ein, die sie während eines Vortrages aufgeschnappt hatte. Der Referent erzählte, dass er einmal in einer Paarberatung von der Ehefrau ein Leidlied zu hören bekam, dass er so verstand, dass die gute Frau einfach viel zu selten von ihrem Mann hörte, dass er sie liebt.

Darauf angesprochen erwiderte der Mann nur: „Schatz, ich habe Dich geheiratet. Das muss reichen!"

Also erzählte sie Klara, wie gern sie mit ihr zusammenarbeitete und wie diese Zusammenarbeit aus ihrer Sicht noch verbessert werden könnte, wenn sie sich darüber austauschten, welche Erwartungen sie aneinander haben. Sie dachte, dass es irgendwie so ähnlich war wie mit Peter. Ihre Beziehung lief schließlich auch deshalb gut, weil sie sich immer wieder austauschten und einander so besser verstanden.

Literatur

Boettcher, W. Kritikgespräch. (1996). https://www.google.de/url?sa=t&rct=j&q=&esrc =s&source=web&cd=&cad=rja&uact=8&ved=0ahUKEwjS8aue8-bZAhXJuhQKH QfjD68QFggnMAA&url=http%3A%2F%2Fhomepage.ruhr-uni-bochum.de%2Fwolfgang.boettcher%2Fdokumente%2FKritikgespraech-beltz-final.doc&usg=AOvVaw0o8wQdlXtlkvjBqXLfTJJa. Zugegriffen: 5. März 2018.

Fleig, J. (2016). 3 Checklisten fürs Kritikgespräch mit Mitarbeitern. Karlsruhe. https:// www.business-wissen.de/artikel/mitarbeitergespraech-3-checklisten-fuers-kritikgespraech-mit-mitarbeitern. Zugegriffen: 27. Febr. 2018.

Fleischer, W. (2012). Chefärzte Brief, Mitarbeiterführung; Kritikgespräche erfolgreich führen. http://www.ihrcoach.com/pdfs/2012/120831%20Chefaerzte%20Brief%208_2012%20Kritikgespraeche.pdf. Zugegriffen: 5. März 2018.

Kohfink, M.-W. (2015). Kritikgespräch: Richtig mit der Reaktion des Mitarbeiters umgehen. https://www.wirtschaftswissen.de/personal-arbeitsrecht/mitarbeiterfuehrung/konfliktmanagement/kritikgespraech-richtig-mit-der-reaktion-des-mitarbeiters-umgehen. Zugegriffen: 5. März 2018.

Kraus, G. (2011). Typische Fehler im Management. Kassel. http://www.onpulson.de/4187/
typische-fehler-im-management-die-7-todsuenden. Zugegriffen: 5. März 2018.

Rößler, A. (2016). Kapitel 004: Mitarbeitergespräch. Karlsruhe. www.business-wissen.de/
hb/vorlage-fuer-ein-kritikgespraech/druck.html Zugegriffen: 5. März 2018.

Schüller, A. (2009). 14 Tipps, wie Sie ein konstruktives Kritikgespräch fuehren. Onpulson.
www.onpulson.de/1287/14-tipps-wie-sie-ein-konstruktives-kritikgespraech-fuehren.
Zugegriffen 5. März 2018.

Strack, B. (2009). Checkliste Kritikgespräch: Gesprächs-Vorbereitung. https://www.
experto.de/organisation/checklisten/checkliste-kritikgespraech-gespraechs-vorberei-
tung.html. Zugegriffen 27. Febr. 2018.

VNR Verlag für die Deutsche Wirtschaft AG. (2015). Selbsttest zum Thema Kritikgespräch. www.wirtschaftswissen.de/personal-arbeitsrecht/mitarbeiterfuehrung/konflikt-
management/selbsttest-zum-thema-kritikgespraech-welcher-kritiker-typ-sind-sie/.
Zugegriffen 27. Febr. 2018.

Wöhrmann, S. (2016). Arbeitshilfe: Kritikgespräche führen. https://www.personalwirtschaft.
de/assets/documents/Arbeitshilfen/Kritikgespraeche-fuehren.pdf. Zugegriffen: 5. März
2018.

Leistungen anerkennen – Lobgespräche

4

Tatjana Stefanowsky

> *Gegen Angriffe kann man sich wehren, gegen Lob ist man machtlos.*
>
> Sigmund Freud (1856–1939)

© Tatjana Stefanowsky

© Springer Fachmedien Wiesbaden GmbH, ein Teil von Springer Nature 2019
S. F. Kock et al., *Wir müssen reden ...*,
https://doi.org/10.1007/978-3-658-22583-4_4

Kennen Sie das auch?

Christina ist nicht nur sehr überrascht darüber gewesen, wie positiv ihr Kritikgespräch mit Klara jetzt verlaufen ist, sondern auch, dass ihr im Zuge dessen aufgefallen ist, dass sie sich eigentlich meist nur damit beschäftigt, was mal wieder in der Sprechstunde falsch läuft und welche Fehler ihre Mitarbeiterinnen machen. Denn ihr Mann Peter hatte sie nicht nur darauf aufmerksam gemacht, dass man Kritik anders aussprechen kann, als sie es bisher getan hat, sondern sie ebenfalls gefragt, was denn Klara eigentlich auch richtig macht und wo ihre Stärken liegen.

Da hat Peter, mit dem was er sagt wirklich Recht! Mir fallen wirklich meist nur die negativen Dinge und all das, was wieder mal nicht so ganz nach meinen Vorstellungen läuft oder nicht reibungslos funktioniert, auf. Dabei haben sich doch alle Mitarbeiterinnen so gut entwickelt, seitdem ich die Praxis vor zwei Jahren übernommen habe und wir sind zu einem starken Team zusammengewachsen. An die Tatsache, dass ich mit meinen Mitarbeiterinnen mal ein richtiges Lobgespräch geführt habe, kann ich mich eigentlich nicht erinnern. Zwar lobe ich das gesamte Team nach einer stressigen Sprechstunde häufig mit einem „gut gemacht" oder „das ist ja prima gelaufen", aber so richtig Zeit habe ich mir bis dato nie für eine Mitarbeiterin genommen, wenn sie eine sehr gute Leistung vollbracht oder sich sehr gut verhalten hat. Meist reicht die Zeit einfach nicht dafür aus und irgendwie denke ich immer, dass die Mitarbeiterinnen schon selber wissen, wenn sie etwas gut gemacht haben.

Was war passiert

Vielleicht geht es Ihnen genauso wie Christina? Es ist keine Seltenheit, dass im stressigen Arbeitsalltag das richtige Lob oft untergeht und eher die Taten und das Verhalten ins Auge fallen sowie angesprochen werden, die nicht gut gelaufen sind und über die man sich ärgert. Keine Sorge, so geht es nicht nur Ihnen als Führungskraft in Ihrer Praxis, sondern ebenso Ihren Mitarbeiterinnen untereinander. Denn das Lob unter den Mitarbeiterinnen trägt genauso zur Motivationssteigerung bei wie das des Vorgesetzten, aber auch dieses Lob ist eher eine viel gesuchte Rarität in deutschen Unternehmen.

Wenn dann aber doch mal positive Leistungen angesprochen und gelobt werden, ist der häufigste Fehler, dass es meist nur zwischen Tür und Angel mit alltäglichen Floskeln und ohne konkrete Benennung der Situation und des Verhaltens geschieht. Genau dieses ist ebenso Christina aufgefallen, dass sie zwar nach einer anstrengenden Sprechstunde ihr gesamtes Team regelmäßig lobt, sie sich aber viel zu selten dafür Zeit nimmt, ihre Mitarbeiterinnen einzeln für gute Leistungen konkret zu loben.

Fragen Sie sich doch einmal, wann Sie das letzte Mal eine Ihrer Mitarbeiterinnen gelobt haben oder selber gelobt wurden und des Weiteren, ob Sie selbst damit in Zukunft leben könnten, nicht mehr gelobt zu werden?

Genau, nicht gelobt zu werden kann schmerzhaft, frustrierend, verärgernd und demotivierend sein. Also, Achtung! Denn der steigende Frust durch mangelnde Anerkennung kann im schlimmsten Fall zu der inneren Kündigung Ihrer Mitarbeiterinnen führen.

Mit dem Phänomen gegebenenfalls nicht genügend zu loben, stehen Sie nicht alleine da. Denn in deutschen Unternehmen gehört das Lob allgemein zur Mangelware. Dieser geringe Einsatz von Anerkennung hat erhebliche Auswirkungen auf die Mitarbeitermotivation.

4.1   Was ist Lob eigentlich genau?

Genau genommen ist Lob der leistungsbezogene Bestandteil der Anerkennung und wird durch die Wertschätzung ergänzt, die das personenbezogene Pendant bildet (Matysek 2011, S. 167) (vgl. Abb. 4.1).

Das Motto „Stärken zu stärken hilft Schwächen zu schwächen" sollte Anreiz für Sie sein, sich auf den folgenden Seiten näher mit der richtigen Anerkennung Ihrer Mitarbeiterinnen zu beschäftigen.

Machen Sie es zu einer Ihrer persönlichen Stärken, Ihre Mitarbeiterinnen nicht nur zu kritisieren, sondern Ihnen mindestens genauso oft für gute bis sehr gute Leistungen passende Anerkennungen auszusprechen, denn diese sind keine Selbstverständlichkeit.

Der vermeintliche Gedanke, die Anstellung einer Mitarbeiterin sei Lob genug, reicht nicht aus. „Ich habe sie eingestellt, das muss reichen!"

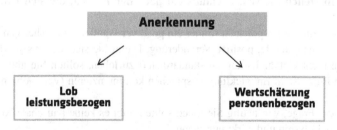

Abb. 4.1 Begriffsklärung Lob. (Kock + Voeste Existenzsicherung für die Heilberufe GmbH)

Anerkennung als fester Bestandteil in Ihrer Praxiskultur, neben der konstruktiven Kritik, verhilft Ihnen zu einer Balance in Ihren täglichen Führungsaufgaben. Solch eine ausgewogene Praxiskultur bildet das Fundament dafür, dass Fehler nicht als Stolpersteine gesehen werden, sondern als weitere Meilensteine hin zu einem erfolgreichen Praxisergebnis und einer positiven Entwicklung Ihrer Mitarbeiterinnen.

Diese kulturelle Grundlage ist ebenfalls für ein gutes Klima in Ihrer Praxis, die Bereitschaft Ihrer Mitarbeiterinnen neues auszuprobieren, sich zu engagieren und stetig mitzulernen, bedeutsam. Steigende Motivation und ein kontinuierliches Wissensmanagement, welche in Zeiten des Fachkräftemangels und der demografischen Entwicklung elementar sind, werden durch die Implementierung der richtigen Anerkennung in Ihre Praxiskultur ebenfalls positiv beeinflusst.

4.2   Wann führen Sie ein Lobgespräch?

Zahnärztin Christina ist sich zwar bewusst, dass sie ihre Mitarbeiterinnen scheinbar viel zu selten lobt, aber so richtig weiß sie einfach nicht, wann und vor allem, wie sie loben soll.

„Wann lobe ich denn eigentlich genau und wofür und für welche Leistungen?"

„Reicht ein einfaches „gut gemacht" oder soll ich mir extra Zeit nehmen?"

„Kann ich die Mittagspause nutzen, um Monika zu loben? Dann sitzen ja schon einmal alle zusammen?"

„Reichen nicht die guten Arbeitsbedingungen und das jährliche Geburtstagsgeschenk an sich als Lob?"

„Wir sind ein Team und darum lobe ich immer alle, denn wir sind ja schließlich alle für das Arbeitsergebnis verantwortlich."

Vielleicht stellen Sie sich ebenfalls ein paar der Fragen, die sich Christina stellt

Anlass für ein Lobgespräch ist immer ein positiver Wandel zum bisherigen Status quo, also eine aktuelle, positive Veränderung. Damit Sie sich sicher sein können, dass Sie nicht Gefahr laufen, zu standardisiert zu loben, sollten Sie andauernde positive Prozesse in Entwicklungsgesprächen kommunizieren (vgl. Gobran 2017, S. 179).

Auf die Frage, wie häufig Sie loben sollten, gibt es keine pauschale Antwort. Lob muss Lob sein und wirkt nur, wenn

- es nicht durch die falsche Übermittlung abgewertet wird,
- von der richtigen Person kommt,
- echt und ernstgemeint ist
- und für die richtige Leistung ausgesprochen wird.

Wenn Sie sich nicht sicher sind, was für ein Lob-Typ Sie sind, dann kann der folgende Selbsttest Ihnen dabei helfen, dies einzuschätzen und Ihnen Hinweise geben, woran Sie in Zukunft weiter arbeiten können. Markieren Sie möglichst zügig und spontan die nachfolgenden Aussagen, die Ihrer Meinung nach auf Sie zutreffen.

	Trifft zu	Trifft nicht zu	Typ
1. Sie haben selber Freude am Loben anderer			A
2. Sie werden selber nicht gerne gelobt			C
3. Ihr Lob bewirkt oft das Gegenteil			B
4. Ihnen fällt es sehr leicht, Mitarbeiterinnen für ihre erbrachte Leistung und ihr Verhalten zu loben			A
5. Sie haben jede ihrer Mitarbeiterinnen innerhalb der letzten 14 Tage mindestens einmal gelobt			A
6. Sie machen sich hinreichend Gedanken darüber, wie Sie ihren Mitarbeiterinnen die Wertschätzung aussprechen			A
7. Sie ersetzen Lob gerne durch monetäre Aspekte			C
8. Sie sprechen grundsätzlich das Lob direkt aus			A
9. Sie schieben das Loben meist auf und erledigen es nicht direkt			B
10. Sie loben meist zwischen Tür und Angel			B
11. Sie vergessen gerne zu loben			C
12. Sie werden selber viel zu selten gelobt			C
13. Wenn Sie loben, vergleiche Sie gerne mit anderen Mitarbeiterinnen			B
14. Sie benennen immer konkret den zu lobenden Aspekt			A
15. Sie loben allgemeingültig			B
16. Lob ist überbewertet			C
17. Sie machen sich keine Gedanken darüber, wie Sie ihr Lob rüberbringen			B

	Trifft zu	Trifft nicht zu	Typ
18. Ihnen fällt es leichter zu kritisieren als zu loben			C
19. Sie loben regelmäßig			A
20. Nicht meckern ist genügend Lob			C
21. Sie nutzen Lob häufig als Einstieg für kritisches Feedback			C
22. Sie loben mit Standardfloskeln			B
23. Ihnen fällt es schwer, Einzelleistung von der Teamleistung zu differenzieren und loben meist das gesamte Team			B
24. Ihnen fällt es schwer, sich Zeit zu nehmen, um hinreichend zu loben			B
25. Ihr Praxisergebnis am Quartalsende ist Lob genug			C
26. Sie sind sehr unsicher, wie Sie richtig loben sollen			B
27. Sie dokumentieren regelmäßig, wann und wen Ihrer Mitarbeiterinnen Sie loben			A
28. Sie sind sich der zahlreichen positiven Auswirkungen des Lobes bewusst und versuchen es regelmäßig umzusetzen			A
29. Ihnen fällt es grundsätzlich schwer, Lob auszusprechen			C
30. Sie machen sich stets, bevor Sie eine Mitarbeiterin loben, Gedanken darüber, wie Sie ihr das Lob entgegenbringen			A
Summe			

Entsprechend Ihrer Gewichtung in den zutreffenden Aussagen (A, B, C) ergibt sich Ihr persönlicher Lob-Typ.

Typ A

Sehr gut und weiter so! Sie sprechen gerne Lob aus und machen sich ebenso Gedanken darüber, wie Sie Ihre Anerkennung Ihren Mitarbeiterinnen entgegnen. Ihnen ist es wichtig, Ihre Mitarbeiterinnen regelmäßig zu loben, denn Ihnen ist bewusst, wie wichtig die regelmäßige Anerkennung für das gesamte Praxisklima ist und welche positiven Effekte dies auf Ihre Praxis hat.

TYP B

Ihnen ist bewusst, wie wichtig die regelmäßige Anerkennung für Ihre Mitarbeiterinnen und somit auch für Ihre Praxis ist. Sie wissen allerdings nicht so richtig, wie Sie Ihre Mitarbeiterinnen angemessen loben und dieses Führungsinstrument sicher und gewinnbringend einsetzen können. Aber keine Angst, richtiges Loben kann man lernen und die folgenden Seiten dieses Buchkapitels werden Ihnen helfen, in Zukunft sicherer und routinierter mit Lob umgehen zu können.

TYP C
Sie werden selber nicht gerne gelobt und loben auch Ihre Mitarbeiterinnen nicht gerne. Sie sind der Meinung, dass gute Arbeit selbstverständlich ist, frei nach dem Motto „Ich halte es wie die Schwaben – nicht meckern ist schon genug gelobt." Ihnen ist nicht bewusst, welch ein positiver Effekt Ihnen bei der Führung Ihrer Mitarbeiterinnen verwehrt bleibt, nur durch den Nichteinsatz dieses einfachen und chancenreichen Führungsinstrumentes. Vielleicht überzeugen Sie die nachfolgenden Seiten davon, was ein bisschen Aufmerksamkeit Ihrerseits und ein kleines Lob in Ihrer Praxis verbessern kann.

Ehrliches Lob bringt gute Voraussetzungen
Christina ist sich zwar darüber im Klaren, dass sie ihre Mitarbeiterinnen, so wie auch Monika, selten bis gar nicht lobt, aber sie stellt sich dazu die Frage: *„Warum soll ich Monika eigentlich loben und was habe ich davon? Das macht doch alles nur noch mehr Arbeit, wenn ich jetzt auch noch Lobgespräche führen muss. Außerdem lobt mich doch auch keiner."*

Aus der richtigen Anerkennung Ihrer Mitarbeiterinnen resultiert eine Vielzahl von hilfreichen Effekten. Einerseits werden sie in ihrer Persönlichkeit sowie in ihrer Entwicklung bestärkt, andererseits hat dies wiederum positive Auswirkungen auf das gesamte Praxisteam und somit auf den Erfolg Ihrer eigenen Praxis.

Die nachfolgenden Punkte beschreiben, wie Sie aus ehrlichem Lob profitieren können:
- Lob steigert die Leistung und Produktivität,
- Lob hilft, die Mitarbeiterinnen positiv an das Unternehmen zu binden, es steigert die Identifikation aufseiten der Mitarbeiterinnen mit dem Unternehmen,
- Lob verbessert das Betriebsklima,
- Lob führt zu mehr Spaß an der Tätigkeit,
- Lob wirkt sich positiv auf das Wissensmanagement aus,
- Lob kann weitere Potenziale der Mitarbeiterinnen wecken,
- Lob gibt den Mitarbeiterinnen Selbstvertrauen und das Gefühl, gebraucht zu werden,
- Lob senkt den Krankheitsstand.

Des Weiteren verhilft Lob, Maßstäbe zu setzen und Ihren Mitarbeiterinnen Orientierung in der täglichen Arbeit zu vermitteln.

Der Verzicht auf Lob kann zu negativen Auswirkungen führen
Wenn Sie auf lange Sicht die Anerkennung Ihrer Mitarbeiterinnen nicht als wichtiges und tägliches Instrument Ihrer Führung umsetzen, können Sie zwangsläufig mit einigen dieser negativen Auswirkungen wie

- Frustration,
- Aggression,
- Apathie,
- höherem Krankheitsstand,
- Demotivation,
- einem schlechten Praxisklima,
- geringerer Eigeninitiative und
- Fluktuation rechnen.

Loben ist kein großer Aufwand und kostet Sie nichts ...
Sie müssen lediglich Ihre Mitarbeiterin genau beobachten sowie etwas Zeit investieren und können so einen großen Grundstein für viele hilfreiche Effekte legen, die sich – wie bereits im Vorfeld genannt – aus gelungener Anerkennung der Mitarbeiterinnen ergeben.

4.3   Ihre Vorbereitung ist das A und O

Wenn Sie Ihre Mitarbeiterin für eine gute oder besonders gute Leistung loben wollen, ist es wichtig, den richtigen Zeitpunkt, den richtigen Ort und die richtigen Worte zu wählen. Dies wiederum hat Einfluss auf Ihre persönliche Vorbereitung des Lobgespräches. Die Wertschätzung der erbrachten Leistung oder des Verhaltens, das Ihre Mitarbeiterin gezeigt hat, sollte sehr zeitnah geschehen. Erstens, damit es nicht in Vergessenheit gerät und zweitens, weil das direkte Lob einen viel stärkeren Effekt bei Ihrer Mitarbeiterin erzielt, als wenn das Lob erst Wochen später ausgesprochen wird.

Stellen Sie sich die Fragen
„Was hat die Mitarbeiterin richtig gemacht?"
„Welche jeweiligen Erwartungen an Ihre Mitarbeiterin hat diese übertroffen?"
„Wodurch hat sie gezeigt, dass sie mitdenkt und weiterdenkt?"
„Wie hat Ihre Mitarbeiterin den Prozess hin zum Ergebnis gestaltet?"
„Wie hat sie das Ziel des Teams und der Praxis positiv beeinflusst und somit zum Praxiserfolg beigetragen?"

4.4   So wird Ihr Lob für Sie hilfreich sein

und Ihre Anerkennung als die angenommen und wahrgenommen, als die sie bestimmt ist und nicht an Wertigkeit verlieren.

Die nachfolgenden Punkte sollen Ihnen eine Orientierung geben, wie Sie Ihre Mitarbeiterin sinnvoll und nachhaltig loben.

- Haben Sie selber Freude am Loben.
- Loben Sie regelmäßig, aber nicht automatisiert. Das könnte künstlich auf Ihre Mitarbeiterin wirken.
- Loben Sie zur richtigen Zeit am richtigen Ort.
- Loben Sie zeitnah, direkt im Anschluss an die gute Leistung.
- Loben Sie ehrlich und aufrichtig.
- Loben Sie realistisch und objektiv.
- Loben Sie kurz und knackig.
- Loben Sie, indem Sie eine bestimmte Leistung oder ein bestimmtes Verhalten in einer konkreten Situation explizit benennen.
- Loben Sie stets persönlich und delegieren Sie Ihr Lob nicht.
- Heben Sie die Wichtigkeit der Leistung hervor.
- Ihr Lob sollte auf die Entwicklung der einzelnen Mitarbeiterinnen abgestimmt sein. Dies zeigt, dass Sie sich für den individuellen Fortschritt der jeweiligen Mitarbeiterin interessieren.
- Behandeln Sie alle Mitarbeiterinnen gleich und loben Sie auch Leistungen von Mitarbeiterinnen, die Ihnen nicht so sympathisch sind.
- Leiten Sie externes Lob direkt weiter.

Anerkennung können Sie Ihren Mitarbeiterinnen nicht nur durch das Loben einer bestimmten Leistung oder eines bestimmten Verhaltens entgegenbringen, sondern ebenso über das individuelle Wahrnehmen Ihrer Mitarbeiterinnen und das Schenken von Aufmerksamkeit.

Aufmerksamkeit wird häufig schon als Lob an sich empfunden.

Mal angenommen …

Zahnärztin Christina geht nach vorne an den Tresen ihrer Praxis, um sich Unterlagen abzuholen und bekommt dabei ein Patientengespräch zwischen ihrer Mitarbeiterin Monika und einem potenziellen neuen Patienten mit.

Christina gibt Monika im Anschluss an das Patientengespräch Feedback, wie sie das Gespräch empfand.

„Monika, das Gespräch mit dem neuen Patienten hast du eben klasse geführt und alle wichtigen Informationen für uns im Vorfeld abgeklärt sowie erfragt. Ich bin froh, dass du für mich arbeitest. Danke."

Inhaberin Christina hat das Lob für Monika ganz richtig formuliert, denn sie hat nicht nur mit *„Das hast du ja klasse gemacht"* gelobt, sondern zusätzlich die genauen Teilaspekte der Leistung und des Verhaltens benannt. In diesem Fall lobte Christina zusätzlich das im Vorfeld genaue Hinterfragen und Abklären der für die Praxis wichtigen Informationen bei neuen Patienten. Das abschließende Danken trägt ebenfalls zur Wertigkeit der Anerkennung bei.

Weitere mögliche Teilaspekte, die hätten gelobt werden können:
- gut argumentiert,
- gute Lösungen erarbeitet,
- aufgebrachte Patienten beruhigt.

Wenn Sie Ihr Lob nicht entkräften wollen
Es gibt immer wieder ungünstige Formulierungen, die jedem gerne im Alltag beim Loben unterlaufen und dessen Wirkung wir uns gar nicht bewusst sind. Die nachfolgenden Punkte können Ihnen helfen, sich besser auf das nächste Lobgespräch mit Ihren Mitarbeiterinnen vorzubereiten.

Es ist nicht hilfreich für Sie, ...
andere Mitarbeiterinnen als Maßstab für Lob zu nehmen – loben Sie nur die Erfüllung Ihrer Erwartungen an die individuellen Leistungen der Mitarbeiterin, zu der Sie in der Lage sind,

- Lob als Mittel zum Zweck zu benutzen, um die Mitarbeiterin zu ködern,
- Standardfloskeln als Lob zu verwenden,
- Lob als Einstieg für ein Kritikgespräch zu verwenden – Sandwich-Taktik,
- Einschränkungen in Ihrem Lob zu formulieren,
- mit Vergleichen zu loben,
- Mittelmaß zu loben,
- nur die Leistung zu loben, sondern loben Sie auch den Prozess zum Ergebnis.

Falsch ausgesprochene Anerkennung kann genau das Gegenteil bewirken
Inhaberin und Zahnärztin Christina stellt sich in ihrem Gespräch mit ihrem Ehemann Peter die Frage, warum ihre Mitarbeiterinnen und auch Monika ihr Lob häufig gar nicht zu schätzen wissen.

„Wenn sie eh nicht auf mein Lob reagiert, dann kann ich es auch gleich sein lassen."

Mal angenommen
Christina hat die beste langjährigste Kraft ihrer Vorgängerin übernommen. Sie bekommt ein Telefonat dieser Mitarbeiterin mit, die gerade einem Patienten freundlich auf eine Standardfrage antwortet.
Im Anschluss an das Telefonat kommentiert Christina dies wie folgt:
„Das hast du gut gemacht und vorbildlich gehandelt."
Die langjährige Mitarbeiterin entgegnet:
„Das weiß ich, ich mache diesen Job seit 25 Jahren."

Was war ungünstig gelaufen?
Weder für Christina noch für Sie ist es hilfreich, Selbstverständlichkeiten oder zu häufig zu loben, denn dies hat zur Folge, dass das Lob in seiner Wertigkeit vermindert wird.

Hier ist das richtige Maß die Zauberformel!
Wenn Sie Ihre Mitarbeiterinnen auf die unpassende Art und Weise loben, kann das gut gemeinte und motivierende Lob abgewertet werden oder gar bis hin zur Ablehnung aufseiten der Mitarbeiterin führen, da sie sich nicht ernst genommen und wertgeschätzt fühlt.

4.5   Wann ist es hilfreich, vor dem gesamten Team, und wann im Vieraugengespräch zu loben?

Die Frage, die sich Inhaberin Christina anfänglich stellte, ob sie Monika in der Mittagspause im Pausenraum loben kann *(„Kann ich die Mittagspause nutzen, um Monika zu loben? Dann sitzen ja schon einmal alle zusammen.")*, kann recht einfach beantwortet werden:
Der passende Ort ist für Ihre Anerkennung mindestens genauso erheblich wie der passende Zeitpunkt und die passenden Worte.
Sie können Ihre Mitarbeiterinnen vor dem gesamten Team loben, wenn das gesamte Team einen positiven Beitrag zum Praxiserfolg geleistet hat. In diesem Fall ist es sehr förderlich, das Lob unbedingt gegenüber dem gesamten Team auszusprechen.
Trotzdem ist es hier wichtig, für Sie die individuellen Leistungen jeder einzelnen Mitarbeiterin in der Teamleistung zu identifizieren, um so einen Überblick von den jeweiligen Fortschritten der einzelnen Mitarbeiterinnen zu erhalten.

Förderlich ist es, in einem Vieraugengespräch zu loben, wenn leistungs-
schwache Mitarbeiterinnen für eine eigentlich selbstverständliche Leistung gelobt
werden sollen. Ein Vieraugengespräch bedarf es ebenso, wenn eine besonders
gute Leistung eine besondere Form des Lobes benötigt oder wenn für Leistungen
gelobt werden soll, die andere Mitarbeiterinnen nie erreichen werden.

Grund für ein Vieraugengespräch ist es, dass Lob zur Eifersucht in der Team-
dynamik führen kann, vor allem, wenn einzelne Mitarbeiterinnen für ihre gesamte
Entwicklung gelobt werden und nicht nur für konkret erbrachte Leistungen.

4.6   Anreizsysteme wie Bonuszahlungen reichen nicht aus

Der Glaube, dass Anreizsysteme oder Bonuszahlungen eine persönliche
Anerkennung ersetzen, ist falsch. Beantwortend auf Christinas Frage, ob nicht
gute Arbeitsbedingungen und das jährliche Geburtstagsgeschenk als Lob ausreichen, kann gesagt werden, dass diese das persönliche Lob nicht ersetzen. Auch
wenn das Lob genau wie andere Anreizsysteme zu der extrinsischen Motivation
zählt, ist es für jede Arbeitnehmerin von hoher Bedeutung, dass der Vorgesetzte
sie als Person an sich wahrnimmt sowie ihre Leistung und den individuellen Fortschritt, gemessen an ihren Fähigkeiten, regelmäßig lobt.

Darüber hinaus befriedigen die Faktoren Geld und materielle Werte nur kurz-
fristig. Ebenso sollte es Ihr Ziel sein, sich auf die Leistungsfähigkeit Ihrer einzelnen Mitarbeiterinnen zu konzentrieren und nicht, die Leistungsbereitschaft durch
monetäre Aspekte zu manipulieren. Trotzdem können Anreizsysteme unterstützend wirken.

4.7   So loben Sie die jeweilige Mitarbeiterin passend

So vielseitig Ihre Patienten sind, so vielseitig sind auch Ihre Mitarbeiterinnen.
Nicht jeder mag es, auf dieselbe Art gelobt zu werden. Je nach Mitarbeiterin können Sie die Art und Weise der Anerkennung sowie die Worte entsprechend formuliert werden.

Die drei nachfolgenden Typen geben einen Anreiz für die verschiedenen
Facetten und sollen Sie dafür sensibilisieren, dass jede Mitarbeiterin anders ist
und ganz andere Bedürfnisse hat, wie sie Lob als solches auffasst.

Also machen Sie sich vorher nicht nur darüber Gedanken, welche Leistung
oder welches Verhalten Sie konkret loben möchten, sondern vor allem ebenso,

wie und in welchem Rahmen Sie der jeweiligen Mitarbeiterin das Lob aussprechen.

Die folgenden drei Typen sollen nicht zum Schubladendenken einladen, sondern lediglich als Anregung dienen, welche Facetten unterschieden werden können und welche Auswirkungen das auf die Art des Lobens hat.

Die Expressive

Der expressiven Mitarbeiterin ist es sehr wichtig, für ihre erbrachte Leistung von Ihnen gelobt zu werden, dieses fordert sie aktiv ein. Sie ist ganz besonders stolz auf ihre kreative, innovative und ausgefallene Art und Weise, Arbeit anzugehen, Probleme zu bewältigen und mit den Patienten und Kollegen umzugehen. Ihr gefällt es, wenn andere sehen, wie gut sie ihre Arbeit macht.

Wenn Sie der expressiven Mitarbeiterin Anerkennung entgegenbringen möchten, müssen Sie darauf achten, ihr und ihrem Bedürfnis, dass andere sehen, dass sie gute Arbeit leistet, gerecht zu werden. Nur hierdurch nimmt sie das Lob als solches wahr. Wiederum ist zu beachten, dass Sie durch diese Art der Anerkennung keine Eifersucht bei Ihren anderen Teammitgliedern erzeugen. Diesen schmalen Grad gilt es für Sie, beim Loben von expressiven Mitarbeiterinnen zu meistern (vgl. Stöwe und Keromosemito 2013, S. 95–97).

Die Beständige und Integrative

Die beständige und integrative Mitarbeiterin fordert im Gegensatz zu der expressiven Mitarbeiterin das Lob von Ihnen nicht aktiv ein und erledigt ihre Arbeit stets zuverlässig und ohne großes Aufsehen. Dies bringt das Risiko mit sich, dass Sie schnell mal die Wertschätzung und das Lob dieser Mitarbeiterin vergessen können.

Ebenso sollten Sie sich bewusst machen, dass die Beständige und Integrative entgegen der Macherin eine ganz andere Art und Weise des Lobes benötigt. Das Hervorheben ihrer guten Leistungen vor dem gesamten Team würde wahrscheinlich kontraproduktiv wirken und im schlimmsten Fall dazu führen, dass diese Mitarbeiterin ihre Leidenschaft an der Arbeit zurückfährt, um in Zukunft nicht weiter hervorgehoben zu werden.

Bei dieser Mitarbeiterin wird stets empfohlen, Ihre Wertschätzung und das Lob in einem Vieraugengespräch ohne großes Tamtam zu tätigen. Auch wenn diese Mitarbeiterin kein großes Aufsehen um ihre eigene Person wünscht, ist es trotzdem beidseitig von Bedeutung, regelmäßiges Lob auszusprechen. Erfahrungsgemäß werden Produktivität und Initiative dieser Mitarbeiterin mit ausbleibender Anerkennung weder gehalten noch gesteigert (vgl. Stöwe und Keromosemito 2013).

Die Analytikerin

Der Analytikerin ist es besonders wichtig, von Ihnen Lob für ihre erbrachte Leistung oder die Tätigkeit an sich zu erhalten und weniger für ihr Verhalten oder ihre persönlichen Werte. Für diese Mitarbeiterin steht inhaltlich in der Anerkennung nicht ihre Person als solche im Vordergrund, sondern ihre rein fachlichen Kompetenzen (vgl. Stöwe und Keromosemito 2013).

Die Unterscheidung Ihrer Mitarbeiterinnen in drei verschiedene Typen, die sich elementar in ihrem Bedürfnis voneinander unterscheiden, auf welche Art und Weise sie anerkannt werden wollen, hat für Sie zur Folge, dass Sie sich, bevor Sie eine Mitarbeiterin loben, darüber im Klaren sein müssen, welchem Typ die jeweilige Mitarbeiterin zuzuordnen ist. Nur so können Sie den richtigen Ort und die richtige Art und Weise Ihrer Anerkennung auswählen, damit diese als solche aufgenommen wird und nicht nur durch eine falsche Kommunikation an Wertigkeit verliert.

Wie zuvor bereits betont, sollen diese drei Typen bloß einen Anreiz bieten, wie vielseitig Ihre Mitarbeiterinnen sein können. Natürlich gibt es noch weitere zahlreiche Facetten, die Ihre Mitarbeiterinnen ausmachen und die in diesen Mitarbeitertypen nicht berücksichtigt sind. Diese drei verschiedenen Typen sollen Sie lediglich dafür sensibilisieren, sich genau Gedanken über die zu lobende Mitarbeiterin und ihre individuellen Bedürfnisse zu machen, damit Ihr Lob auch die Wirkung erzielt, die es erzielen soll.

Loben Sie dem Anlass nach angemessen, damit die Wertschätzung nicht künstlich wirkt

Je nach Anlass bedarf es einer anderen Art der Anerkennung. Hier gilt es für Sie, lediglich den Anlass der Anerkennung nach der Wichtigkeit und der Größe zu kategorisieren. Sie können hier in kleinere und größere Anlässe unterscheiden. Der kleine Anlass benötigt zum Beispiel nicht zwangsläufig einen festen Termin, um die Mitarbeiterin zu loben.

Im Gegensatz dazu ist es hilfreich, sich für die Anerkennung größerer Art gebührend Zeit zu nehmen, damit diese entsprechend aufgenommen wird und nachhaltig wirkt.

Wenn Ihre Mitarbeiterinnen zum Beispiel trotz eines engen Zeitrahmens eine zusätzliche Aufgabe oder Arbeit erledigt haben, können Sie diese je nach Aufwand in der Thematik und Zeit kategorisieren.

„Vielen Dank, Monika, dass Du Überstunden in Kauf genommen hast, damit wir pünktlich die Abrechnung zum Quartalsende fertigstellen konnten."

„Danke für Ihr Engagement. Nur so konnten wir pünktlich fertig werden."

4.8 Gesprächsnotizen

Damit Ihr Lob auch als die Anerkennung empfunden wird, die sie sein soll, ist es förderlich, sich im Vorfeld ein paar Gedanken darüber zu machen. Dies ist wichtig, damit Ihr Lob nicht durch die falsche Formulierung, den falschen Rahmen oder zu wenig Zeit untergeht oder gar das Gegenteilige bewirkt und an Wertigkeit verliert. Damit Sie bestens vorbereitet sind, kann es Sie unterstützen, für sich im Vorfeld die folgenden zehn Punkte zu beantworten und sich gegebenenfalls ein paar persönliche Notizen dazu anzufertigen. Diese werden Ihnen dabei helfen, Ihr Lob Mitarbeiterin- und leistungsgerecht zu formulieren.

Fragen Sie sich im Vorfeld Folgendes:

Anregungen	Persönliche Notizen
1. **Welches Verhalten oder welche Leistung** möchten Sie bei welcher Mitarbeiterin loben?	
2. Welche **jeweiligen Erwartungen** an Ihre Mitarbeiterin hat diese **übertroffen**?	
3. Wodurch hat sie gezeigt, dass sie **mitdenkt und weiterdenkt**?	
4. Wie hat Ihre Mitarbeiterin den **Prozess hin zum Ergebnis** gestaltet?	
5. Wie hat sie die **Ziele des Teams und der Praxis positiv beeinflusst** und somit zum Praxiserfolg beigetragen?	
6. Ist es eine **größere Leistung**, die gelobt werden soll oder eine, die im **kleineren Rahmen** liegt?	
7. War es eine Teamleistung oder eine Einzelleistung? Wenn es eine Teamleistung war, welchen Anteil hat die jeweilige Mitarbeiterin dazu beigetragen?	
8. **Was ist die Mitarbeiterin für ein Typ** und was sollte bei der Wertschätzung entsprechend beachtet werden?	
9. **In welchem Rahmen** sollten Sie das jeweilige Lob für die Mitarbeiterin aussprechen? a. vor dem Team b. im Vieraugengespräch	
10. **Wie viel Zeit** benötigen Sie, um das Lob zu übermitteln? a. Reichen ein paar Minuten zwischendurch b. oder benötigen Sie einen gesonderten Termin für das Mitarbeitergespräch?	

Mit den folgenden zehn Schritten können Sie Ihr „Mitarbeitergespräch-Lob" strukturieren und führen.

Checkliste – Gesprächsleitfaden

1. Ihre persönliche Vorbereitung
   Machen Sie sich, bevor Sie mit Ihrer Mitarbeiterin sprechen, Gedanken zu den obig genannten Punkten Ihrer persönlichen Gesprächsnotizen und verschriftlichen Sie diese gegebenenfalls, um strukturiert und sicher Ihr Mitarbeitergespräch führen zu können und nichts zu vergessen ☐

2. **Laden** Sie Ihre Mitarbeiterin zu dem Gespräch **ein**
   Erläutern Sie **Ziel** und **Inhalt** des Gespräches
   Legen Sie **Ort** und **Zeit** fest
   Versuchen Sie, alle möglichen **Störfaktoren** im Vorfeld zu **beseitigen** (Handy auf lautlos schalten, ruhige und ungestörte Räumlichkeiten) ☐

3. Schaffen Sie eine angenehme Gesprächsatmosphäre
   a. Zeigen Sie ein **positives nonverbales Ausdrucksverhalten** (Gestik, Mimik, Körperhaltung etc.):
      1. offener und gerade Blick
      2. offener und freundlicher Gesichtsausdruck
      3. offene und gerade Körperhaltung
      4. Halten Sie Kontakt zu Ihrer Gesprächspartnerin
         (vgl. Rohrschneider et al. 2015, S. 54)
   b. Führen Sie **keinen Monolog** und lassen Sie Ihre Mitarbeiterin ausreichend zu Wort kommen
   c. Hören Sie **aktiv zu** und schenken Sie Ihrer Mitarbeiterin genügend **Aufmerksamkeit**
   d. Senden Sie **Ich-Botschaften** ☐

4. **Bedanken** Sie sich zum Gesprächseinstieg bei Ihrer Mitarbeiterin dafür, dass sie sich Zeit genommen hat
   „Ich freue mich, dass wir gemeinsam Zeit für ein Gespräch gefunden haben. Danke." ☐

5. **Benennen Sie konkret** das zu lobende Verhalten oder die zu lobende Leistung
   „Monika, das gestern von Dir geführte Patientengespräch mit XY hast Du sehr freundlich, zielorientiert und sympathisch geführt. Alle wichtigen Aspekte, die wir in dem letzten Teammeeting besprochen haben, hast Du gut hinterfragt und umgesetzt. So wird es uns in Zukunft leichter fallen, noch optimaler die Terminvergabe in der gesamten Praxis gestalten zu können." ☐

6. **Bewertung** des Verhaltens oder der Leistung
   „Du hast besonders gut und ausführlich, die für uns im Vorfeld relevanten Informationen auf eine sehr sympathische und freundliche Art erfragt. Zusätzlich bist Du dabei sehr strukturiert vorgegangen." ☐

7. **Beleuchten und bewerten Sie den Prozess,** der zum lobenden Ereignis geführt hat. *„Du hast in den letzten Tagen gezeigt, dass du die einzelnen Punkte zur Aufnahme von Neupatienten sehr gut verinnerlicht und von Patientengespräch zu Patientengespräch immer optimaler umgesetzt hast. Zusätzlich bist du immer sicherer in der Gesprächsführung geworden. "*	☐
8. Verdeutlichen Sie die **positiven Auswirkungen** für die gesamte Praxis und das Team, damit die Wertschätzung nachhaltig wirkt *„Das genaue Erfragen Ihrerseits der für uns im Vorfeld relevanten Information zu den Neupatienten bewirkt, dass wir jetzt viel besser gemeinsam unsere Sprechstunde planen und gestalten können, um noch effektiver arbeiten zu können. "*	☐
9. **Positiver Abschluss** und eventuelle Fragen *„Danke, dass du dir Zeit genommen hast. Ich bin sehr erfreut über deine Leistung und Entwicklung. Hast du denn noch weitere Fragen? Ich wünsche dir noch einen schönen Tag. "*	☐
10. **Erstellen** Sie sich eine **Liste,** wann Sie welche Mitarbeiterin für welche Leistung oder für welches Verhalten gelobt haben, um sich selber damit immer wieder daran zu erinnern, Ihre Mitarbeiterinnen zu loben und einen Überblick über die individuelle Entwicklung jeder einzelnen Mitarbeiterin zu erhalten	☐

Zu guter Letzt

Schlussendlich war es sehr hilfreich, dass Christina im Zuge des Gespräches mit ihrem Mann Peter bewusst geworden ist, dass das richtige und regelmäßige Loben mindestens genauso wichtig ist wie das richtige Kritisieren. Christina war sich im Vorfeld gar nicht richtig bewusst darüber, wie einfach und schnell so ein kleines Lob ausgesprochen ist und was es für zahlreiche positive Effekte auf die Praxiskultur und vor allem auf den Umgang untereinander hat. Es war gut, dass sie sich selbst gefragt hat, ob sie in Zukunft ohne Lob auskommen würde. Das hat ihr gezeigt, wie wichtig diese Anerkennung für sie, aber auch für ihre Mitarbeiterinnen ist.

Resultierend aus einer guten und anerkennenden Führung Ihrer Mitarbeiterinnen kann somit im Umkehrschluss eine motivierende Anerkennung für Sie selbst und Ihrer Tätigkeit als Führungskraft resultieren, wie der Fall Christina und Monika zeigt.

„Christina, es ist wirklich toll, dass Du immer so aufmerksam unsere Arbeit wahrnimmst und Dir Zeit dafür nimmst, uns auch zu sagen, was wir toll machen und nicht nur, was wir falsch machen. "

Wenn Sie jetzt beim Lesen dieses Buchkapitels festgestellt haben sollten, dass Sie in der Vergangenheit recht sparsam mit dem Loben Ihrer Mitarbeiterinnen umgegangen sind oder sich wenig bis keine Gedanken darüber gemacht haben, wie Sie richtig loben, dann fangen Sie doch gleich morgen damit an und legen sich als Unterstützung eine Liste zur Übersicht an.

Ihre Mitarbeiterinnen werden diese positive Veränderung in Ihrer Praxiskultur und dem Miteinander schnell bemerken und Sie hierfür ebenfalls loben.

Es entsteht also eine echte Win-win-Situation für das Miteinander in Ihrer Praxis.

Literatur

Gobran, M. (2017). Erfolgreich denken als Führungskraft, Mitarbeiter bewegen, Schwächen bekämpfen, Ziele erreichen (Bd. 1, S. 179). Norderstedt: Books on Demand.

Matysek, A. (2011). *Wertschätzung im Betrieb, Impuls für eine gesündere Unternehmenskultur* (S. 167). Norderstedt: Books on Demand.

Rohrschneider, U., Lorenz, M., & Müller-Thurau, C. (2015). *Vorstellungsgespräche* (2. Aufl., S. 54). Freiburg: Haufe.

Stöwe, C., & Keromosemito, L. (2013). *Führen ohne Hierarchie – Laterale Führung, Wie Sie ohne Vorgesetztenfunktion Teams motivieren, kritische Gespräche führen, Konflikte lösen* (2. Aufl., S. 95–97) Düsseldorf: Springer.

Aufgaben professionell übergeben – Delegationsgespräche

5

Frauke Korkisch

Das gute Gelingen ist zwar nichts Kleines, fängt aber mit Kleinigkeiten an.

(Sokrates)

© Tatjana Stefanowsky

© Springer Fachmedien Wiesbaden GmbH, ein Teil von Springer Nature 2019
S. F. Kock et al., *Wir müssen reden …*,
https://doi.org/10.1007/978-3-658-22583-4_5

Kennen Sie das auch?

Der Schreibtisch quillt über vor Arbeit: Anträge, Berichte und Briefe gilt es zu bearbeiten, nach der Behandlung der Patienten am Ende der Sprechstunde fehlt dafür häufig die Zeit, manchmal sogar die Kraft oder Lust? Zu Hause wartet Christinas Familie, sie hatte sich fest vorgenommen, pünktlich abends die Praxis zu verlassen. Ihre „Männer" hatten sich schon mehrfach beschwert. Aber der Schreibtisch muss leerer werden. Nun steht der gute Vorsatz wieder auf der Kippe.

Eine Lösung muss her, die ihr täglich noch ein Zeitfenster verschafft, allabendlich noch 30 min. „Papierkram" zu erledigen. Auf dem Weg nach Hause im Auto geht Christina den Tag nochmals durch und stellt dabei fest, dass sie während der Sprechstunde regelmäßig wegen Fragestellungen zur Therapieplanung oder Vorsorge der Patienten in ihrem Ablauf gestört worden ist. Das soll, das muss nun anders werden!

Am nächsten Morgen bittet sie Monika zu sich und erklärt ihr kurz und knapp, dass sie die ewigen Unterbrechungen leid ist und nun erwartet, dass ab sofort selbstständig darauf geachtet wird, welcher Therapieplan für welchen Patient ist, wie wieder einbestellt werden muss. „Dies gilt auch für die Vorsorge- und Kontrolltermine, Monika, ich erwarte, dass das jetzt funktioniert." Nach zwei, drei Tagen der scheinbaren Ruhe, die Unterbrechungen sind deutlich weniger geworden, kommt der Freitag und das Chaos scheint perfekt. Nicht nur, dass der Terminkalender der nächsten Woche völlig aus dem Ruder läuft, es sind auch viele Patienten gar nicht richtig terminiert. In den wöchentlichen Terminfenstern für bestimmte Leistungen herrscht großes Durcheinander.

Was war passiert?

Im Glauben, alles würde gut laufen, denn die Störungen und Nachfragen hatten spürbar abgenommen, hat Christina die delegierte Aufgabe aus dem Blickfeld verloren. Nun aber kehrt das Problem, man kann es auch Fehler nennen, zu ihr zurück. Im Glauben, verstanden zu haben, was die Chefin will, hat Monika die Info ans Team weitergegeben und alle hatten am Telefon nach Gutdünken die Termine vergeben. Aus Sorge, nicht dem Wunsch der Chefin zu entsprechen, wurden Patientenwünsche realisiert, die so nicht zu planen waren. Für wichtige kurzfristige Konsultationen steht keine Zeit mehr zur Verfügung. *„Das kann alles nicht wahr sein"*, denkt Christina und ist stinksauer. Nun besteht dringender Klärungsbedarf, wie es zu dieser Situation hat kommen können.

Sie stellt die Mitarbeiterin umgehend zur Rede und es bricht aus Monika heraus: *„Das ist alles viel zu viel für mich, ich weiß manchmal gar nicht, wie*

ich richtig entscheiden soll, ich will ja auch nichts falsch machen! Ich habe nur versucht, es Dir recht zu machen, jedenfalls so, wie ich es verstanden habe. "
„Wie Du es verstanden hast?", braust Christina auf. *„Was hast Du denn verstanden? Hier ist das totale Chaos im Kalender!"*

Klar ist: Bei Übergabe der Aufgabe sind Informationen verloren gegangen oder vielleicht ist versäumt worden, die Aufgabe überhaupt klar zu beschreiben?

Wenn Sie planen, eine Einzelaufgabe oder vielleicht auch dauerhaft ein ganzes Arbeitsgebiet an einen Mitarbeiter abzugeben, dann verschafft das sicherlich erst einmal ein Gefühl der Erleichterung und Entlastung. Wie aber können Sie davon ausgehen, dass das auch klappt und die Arbeit nicht doch wieder auf Ihrem Schreibtisch landet?

5.1 Wozu dienen Ihnen eigentlich Delegationsgespräche?

Sie als Führungskraft wollen sich auf das Wesentliche konzentrieren. Das setzt voraus, dass Sie Ihre Aufgaben bzw. solche, die an Sie herangetragen werden, in zwei Kategorien teilen: Wichtige Aufgaben und dringliche Aufgaben. In einer Matrix sieht das aus wie in Tab. 5.1.

Während Aufgaben, die weder eilig noch wichtig sind, in die Ablage gehören, so sind alle wichtigen Aufgaben von Ihnen selbst zu erledigen: Die dringlichen sofort, die weniger dringlichen werden terminiert und zeitnah erfüllt. Aufgaben, die dringlich sind, aber weniger wichtig sind, können delegiert werden.

Diese Technik kann Ihnen auf dem Weg zur besseren Selbstorganisation helfen:

Delegation hilft Ihnen, IHRE Aufgaben effizienter und effektiver zu erfüllen.

Indem Sie sich darauf fokussieren, werden Sie deutlich weniger Stress erfahren.

Es macht eine gute Führungskraft aus, Verantwortung abzugeben, zu erkennen, dass bei guter Vorbereitung und einer angemessenen Lernphase auch jemand anderes diese Aufgabe erfüllen.

Tab. 5.1 Kategorisierung der Aufgaben

	Wichtig	Unwichtig
Dringlich	Erledigen	DELEGIEREN
Nicht dringlich	Terminieren	Ablegen

5.2   Delegationsfähige Leistungen

An dieser Stelle sei darauf hingewiesen, dass (zahn-)ärztliche Tätigkeiten nur dann delegationsfähig sind, wenn es sich nicht um ureigentliche (zahn-)ärztliche Tätigkeiten handelt. Hier geben die Vereinbarungen der bundeskassenärztlichen/ bundeskassenzahnärztlichen Verbände Aufschluss, in der Regel handelt es sich dabei um administrative, untersuchungsvorbereitende oder -begleitende Tätigkeiten oder solche, die eine Zusatzqualifikation der Mitarbeiterin im Sinne einer Weiterbildung zur Fachwirtin oder eines Curriculums voraussetzen.

5.2.1   Vermeiden Sie Fehler beim Delegieren:

Glauben Sie auch,

- dass außer Ihnen niemand die Aufgabe vollständig erledigt?
- dass außer Ihnen niemand die Aufgabe richtig erledigt?
- dass Sie niemandem in der Praxis so vertrauen können, um ihm eine Aufgabe anzuvertrauen?
- dass Sie trotzdem jeden Schritt kontrollieren müssen?
- dass Sie dadurch nur wichtige Zeit verlieren würden?
- dass sich Fehler häufen würden?
- dass es Ihnen als Schwäche ausgelegt werden könnte, wenn Sie nicht alles selber machen?

5.3   Was für ein Delegationstyp sind Sie?

Kennen Sie Hemmnisse, die Delegation schwierig machen?

1. Mir fällt es schwer, Aufgaben abzugeben.
2. Wenn überhaupt, gebe ich nur Aufgaben ab, die schnell und leicht zu erledigen sind
3. Ich habe wenig Zutrauen in die Fähigkeiten meiner Mitarbeiterinnen.
4. Ich kontrolliere am Ende eines Tages/eines Monats immer alle abgeschlossenen Arbeiten.
5. Ich kontrolliere auch während des Tages, womit sich meine Mitarbeiterinnen beschäftigen.
6. Ich habe keine guten Erfahrungen mit Delegation gemacht.

7. Ich mache am liebsten alles selbst, auch wenn es viel Zeit kostet.
8. Ich bin schnell unzufrieden, wenn ein Ergebnis nicht meinen Erwartungen entspricht.
9. In meiner Art Kritik zu üben, bin ich schnell ungehalten.
10. Ich habe Sorge, welchen Eindruck es macht, wenn ich mir Aufgaben abnehmen ließe.

Bei mehr als drei Ja-Antworten (z. B. den Fragen 2, 7, 8) sollten Sie Ihre Haltung einmal genauer betrachten. Worin sehen Sie Ihre Hauptaufgabe als (Zahn-)Mediziner? Womit wollen Sie sich eigentlich beschäftigen?

5.4 Vermeiden Sie die gängigen Todsünden

Unklare Vorgaben: Es reicht nicht aus, kurz zusammenzufassen, was Sie erledigt wissen wollen, lassen Sie sich beschreiben, wie die Mitarbeiterin, die die Aufgabe übernehmen soll, vorgehen wird. So können Sie prüfen, ob die Aufgabenstellung auch verstanden wurde.

Ständige Kontrolle oder Einmischung: Damit erwecken Sie allenfalls den Eindruck, der Person die Aufgabe doch nicht zuzutrauen, Ihre Entscheidung, die Aufgabe abgegeben zu haben, zu bereuen. Sie provozieren Verunsicherung.

Keine Ergebniskontrolle: Eine gemeinsame Kontrolle am Ende der Aufgabe gehört zur Delegation, nur so lässt sich das Ergebnis bewerten und zwar nicht nur inhaltlich, sondern auch formal- Umgang mit den bereitgestellten Ressourcen (z. B. zeitlicher Aufwand). Nur so lassen sich auch Rückschlüsse für Folgeaufgaben ziehen und beide Seiten können ein Verständnis füreinander und des anderen Herangehensweise entwickeln.

Ausbleiben eines Feedbacks: Der Mitarbeiterin, die sich der Herausforderung gestellt hat, gilt es, ein Lob auszusprechen. Umso mehr, wenn sie die Aufgabe lösen konnte. Sich für ein Ergebnis nicht interessiert zu zeigen, wirkt im höchsten Maße demotivierend.

5.5 Womit dürfen Sie rechnen, wenn Ihre Idee, eine Aufgabe zu delegieren, nicht gründlich vorbereitet ist?

Die Wahl trifft eine nicht geeignete Mitarbeiterin, die der Aufgabe ablehnend gegenübersteht. Zeitliche Verzögerung und ein schwaches Ergebnis können die Folge sein.

- Die Mitarbeiterin, an die delegiert wurde, ist deutlich verunsichert, trifft womöglich Fehlentscheidungen, um keine Fehler zu machen.
- Fehler werden vertuscht.
- Es entsteht der Eindruck von Desorganisation.
- Die Mitarbeiterin ist frustriert, da sie in ihrer unvollständigen Vorbereitung nur einen Misserfolg am Ende sehen kann.
- Durch Misserfolge in der Vergangenheit wird es zunehmend schwerer, jemanden zu finden, der sich der Herausforderung stellen mag.
- Es entsteht der Eindruck, man kann es Ihnen nicht recht machen, weil das Ergebnis nicht der (nicht genannten) Erwartung entspricht.
- Bei kritischen Rückmeldungen kommt es zu gegenseitigen Schuldzuweisungen.
- Am Ende müssen Sie mit einer Rückdelegation rechnen.
- Ein zweiter zeitaufwendiger Anlauf wird nötig.

5.6   Vorbereitung ist Ihre halbe Miete

Bedienen Sie sich der SMART-Methode bei der Vorbereitung, um Ihre Delegationsziele sicher zu erreichen:

S spezifisch: so konkret wie möglich, was soll erreicht werden?

M messbar, qualitative und quantitative Messgrößen festlegen

A attraktiv erstrebenswert/herausfordernd für die Mitarbeiterin

R realistisch, machbar innerhalb der vorgegebenen Zeit und Mittel

T terminiert, also zeitlich begrenzt

Checkliste zur Delegation
- Wer könnte diese Aufgabe idealerweise übernehmen?
- Was beschreibt die Aufgabe genau?
- Welche Details sind klar zu formulieren?
- Welches Ergebnis ist zu beschreiben, welche Zielwerte zu nennen?
- Welche Voraussetzungen sind erforderlich, wie sind sie zu realisieren?
- Wie viel Zeit wird für die Vorbereitung benötigt?
- Mit welchen Fragen/Einwänden ist zu rechnen?
- Welche Deadline gibt es für die Aufgabenerfüllung?
- Sollen Zwischenmarken gesetzt werden?
- Welche Entscheidungsfreiräume wollen/werden Sie einräumen?
- Wie soll das Feedback gegeben werden?

5.7 Wie können Sie Ihr Delegationsgespräch aufbauen?

Überlegen Sie sich, welche der Mitarbeiterinnen aus Ihrer Sicht überhaupt für die Aufgabe infrage kommt: Wer bringt ggf. die erforderliche Qualifikation mit oder kann diese erwerben, wer ist nicht schon durch andere Zusatzaufgaben (über-) belastet. Wer würde sich im positiven Sinne durch die Aufgabe herausgefordert fühlen.

Wenn also Ihre erste Wahl auf eine Mitarbeiterin gefallen ist, laden Sie konkret zum Gespräch ein und verabreden sich. Legen Sie den Termin in eine störungsfreie Zeit des Tages!

Legen Sie fest, was für Sie das Ziel des Gespräches sein soll!

Nach Auftakt des Gespräches, der dem der anderen ähnelt, beschreiben Sie die Aufgabe und erklären, wieso Ihre Wahl auf diese Mitarbeiterin gefallen ist. Die Fähigkeiten, die für diese Aufgabe notwendig sind, sehen Sie auch bei Ihrer Kollegin oder glauben, dass sie diese zeitnah erlernen kann. Erklären Sie, warum Sie diese Aufgabe abgeben möchten. Machen Sie deutlich, dass Sie beide davon profitieren können, nämlich Sie selbst durch Entlastung im ersten Schritt, und, langfristig durch assistierende Spezialisten im Team, auch die Kollegin durch Kompetenzzuwachs und einen höheren Grad an Eigenständigkeit.

Am Ende eines jeden Delegationsgespräches steht die Information aller Mitarbeiterinnen: Es muss klar sein, dass es sich um eine übereignete Aufgabe handelt und alle die Veränderung kennen und unterstützen.

5.8 Wie können Sie Ihr Delegationsgespräch führen?

Machen Sie deutlich, dass Sie bei Unklarheiten oder Schwierigkeiten zur Verfügung stehen, dass es nicht Unvermögen der Mitarbeiterin ist, falls weitere Fragen aufkommen, sondern eine nicht vollständige Vorbereitung ursächlich sein wird.

Machen Sie Ihre Haltung deutlich: Gemeinsam entwickeln wir einen Weg, der es Dir ermöglicht, diese Aufgabe zu übernehmen.

Machen Sie deutlich, dass Sie langfristig an einer Entwicklung Ihres Teams zu eigenständigem Arbeiten in Selbstverantwortung interessiert sind und nicht an kleinteiligen Kontrollabschnitten.

Signalisieren Sie Zuversicht, indem Sie deutlich machen, der Mitarbeiterin zu vertrauen und ihr die Aufgabe zuzutrauen.

Schlussendlich ist Delegation eine Investition in die Mitarbeiterinnen Ihres Unternehmens, durch Wissenszuwachs und Kompetenzerweiterung gewinnen Sie über die Zeit Mitarbeiterinnen, die Sie im Arbeitsalltag von vielen Aufgaben entlasten werden, die sich gefordert und anerkannt fühlen, kreativ eigene Verbesserungen entwickeln und gern für Sie arbeiten, weil Sie Ihnen nicht nur etwas zutrauen, sondern Ihnen auch helfen zu wachsen.

Zu guter Letzt
Zu Beginn des Gesprächs nutzt Christina die Gelegenheit, sich zu entschuldigen, dass sie sich nicht mehr Zeit genommen hat, die Aufgabe klarer zu beschreiben und auch das von ihr gewünschte Ergebnis zu benennen.

„Da hab ich Dich ins kalte Wasser geschubst, Monika, das konntest Du gar nicht wissen, was ich mir genau vorgestellt hatte."

Nun machen sich die beiden gemeinsam daran zu klären, welche Gruppen von Patienten immer mit gleichen oder ähnlichen Fragen kommen, die Störungen des Ablaufes nach sich ziehen. Welche Informationen brauchen diese Patienten? Sie erarbeiten einen Katalog. Monika schlägt vor, kleine Info-Flyer zu entwerfen.

In Zusammenarbeit erstellen Christina und Monika ein Raster der Patienten mit festen Einbestellrhythmen, sie besprechen für welche Patienten ein Recall-Verfahren infrage kommt, Christina erklärt Monika, welche rechtlichen Voraussetzungen erfüllt sein müssen, um Patienten in dieses Verfahren einzubinden. Monika wird recherchieren, wo man einen Vordruck erhält.

Am Ende wird beiden deutlich, dass die Aufgabe wesentlich komplexer war als anfänglich angenommen. „Wenn Flyer und die Recall-Vordrucke vorliegen, werden wir dieses Thema zum Inhalt einer Teamsitzung machen, damit alle gleichermaßen informiert sind", ist Christinas Fazit. Und sie verabreden nach Einführung der Änderungen in vier Wochen, das Ergebnis selbstkritisch zu bewerten.

„Schwierige" Gespräche – offen, ehrlich und emphatisch bleiben

6

Tatjana Stefanowsky

Wahrlich, keiner ist weise, der nicht das Dunkle kennt.
Hermann Hesse (1877–1962)

© Tatjana Stefanowsky

© Springer Fachmedien Wiesbaden GmbH, ein Teil von Springer Nature 2019
S. F. Kock et al., *Wir müssen reden …*,
https://doi.org/10.1007/978-3-658-22583-4_6

Kennen Sie das auch?

Bei ihrer Übernahme der Zahnarztpraxis vor zwei Jahren hat Inhaberin und Zahnärztin Christina im Vorfeld nicht nur sehr viel Mühe und Zeit in die medizintechnische Ausstattung, die Personalauswahl und die Strategie ihrer Praxis investiert, sondern ebenso in das Corporate Design ihrer Praxis. Christina ist sich bewusst, wie elementar heutzutage ein einheitliches Erscheinungsbild für eine gut laufende Praxis ist. Mit viel Engagement und Unterstützung von außen wurde die gesamte Gestaltung der Praxis und des Kommunikationsweges in die Hand genommen. Ein passendes Praxislogo wurde entworfen, die Berufsbekleidung des gesamten Praxisteams ausgewählt und vieles mehr.

Diese Liebe zum Detail bleibt von den Patienten nicht unhonoriert, sodass Christina immer wieder aufs Neue darauf angesprochen wird, was sie nicht für eine schöne Praxis und tolle Mitarbeiterinnen hat. Diese Anerkennung ist für sie, aber natürlich auch für ihre Mitarbeiterinnen sehr motivierend.

Genau aus diesem Grund ärgert sich Christina noch mehr über eine ihrer Mitarbeiterinnen.

Ich habe doch alle Mitarbeiterinnen zu Beginn ihrer Tätigkeit in dieser Praxis mit einheitlichen Poloshirts ausgestattet und dies meiner Meinung nach auch in genügender Stückzahl. Zusätzlich bekommen sie auch regelmäßig Bekleidungsgeld, damit sie sich gelegentlich das eine oder andere Kleidungsstück für die Arbeit neu kaufen können. Außerdem habe ich doch auch extra die Waschmaschine angeschafft. Die Mitarbeiterinnen wollten doch unbedingt ihre Kleidung selber waschen und keinen externen Dienstleister beauftragen, der die Wäsche zu festen Terminen abholt. Wahrscheinlich wäre dies viel zuverlässiger gewesen! Jede Mitarbeiterin sollte doch jeden Tag mit vernünftiger und sauberer Berufsbekleidung bei der Arbeit erscheinen können, oder wozu mache ich das überhaupt?

Alexandra ist fast seit Praxisübernahme fester Bestandteil des Praxisteams und seit circa einem halben Jahr passiert es ihr immer öfter, dass sie ungepflegt und mit verschmutzter Bekleidung bei der Arbeit erscheint.

Mensch, Alexandra sieht ja heute wieder so aus, als wäre sie vom Bett direkt in die Praxis gefallen. Kann sie denn nicht mal ihr Poloshirt waschen oder es rechtzeitig für die Wäsche abgeben? Sich eine vernünftige weiße Hose anziehen, sich etwas netter zurechtmachen, sich die Haare waschen und kämmen? Außerdem riecht sie heute auch schon wieder etwas unangenehm. Das kann doch nicht sein, die anderen Mitarbeiterinnen laufen doch auch nicht so rum. Die schaffen es doch auch alle, ihre Klamotten rechtzeitig für die Wäsche zu sammeln. Ich lebe das doch auch nicht vor. Sie weiß doch, dass wir hier alle sehr viel Wert auf ein gepflegtes Erscheinungsbild legen.

Spreche ich Alexandra nun endlich mal darauf an? Denn in letzter Zeit passiert es immer häufiger, dass sie so ungepflegt und schmutzig bei der Arbeit erscheint. Warum habe ich das nicht einfach schon mal getan? Na ja, so einfach ist das nicht. Wie mache ich das bloß? Vielleicht mache ich es auch lieber erst beim nächsten Mal. Es wird sich bestimmt ein besserer Zeitpunkt als der heutige ergeben oder vielleicht bemerkt sie noch selber, dass das so nicht geht. Die anderen Mitarbeiterinnen könnten ihr das aber auch mal sagen, die haben noch mal ein ganz anderes Verhältnis untereinander. Es müsste doch aber auch ihrem Freund oder ihrer Familie vielleicht auffallen, denn Alexandra wird ja nicht nur bei der Arbeit so ungepflegt rumlaufen.

Was war passiert?
Kennen Sie ebenfalls solche Situationen? Ihnen fällt es schwer, etwas für Ihre Mitarbeiterinnen vermeintlich Unangenehmes anzusprechen oder sprechen dieses in Folge gar nicht erst an?

Sie suchen lange nach dem richtigen Zeitpunkt?

Sie finden, diese vermeintlich unangenehme Aufgabe könnten andere übernehmen, die ein ganz anderes Verhältnis zu der Mitarbeiterin haben?

Warum ist das so? Und was sind überhaupt …

6.1 „Schwierige" Themen?

Als scheinbar „schwierige Themen" werden zum Beispiel Hygienegespräche mit den Mitarbeiterinnen empfunden. Zu diesen Hygienegesprächen zählen Themen, die ein ungepflegtes Erscheinungsbild beinhalten, wie zum Beispiel verschmutze und kaputte Kleidung, ungepflegte Haare und Zähne, abgeknabberte oder künstliche Fingernägel, aber auch unangenehmer Körpergeruch. Je nach Fachrichtung der Arztpraxis kann auch ein starkes Übergewicht der Mitarbeiterinnen in die Kategorie „schwierige Themen" gehören.

Stellen Sie sich doch einmal vor, Sie haben eine orthopädische Facharztpraxis. Dann können Sie sich folgende Situation bestimmt gut ausmalen: Wenn Sie Ihrem übergewichtigen Patienten beispielsweise vor dem Einsetzen eines künstlichen Hüftgelenkes anraten, auf das Gewicht zu achten und es zu reduzieren, dann vermittelt es ein unglaubwürdiges Bild, wenn die assistierende Mitarbeiterin ebenfalls übergewichtig ist.

Genauso wären doch Zahnarzthelferinnen mit ungepflegten und schiefen Zähnen kein gutes Aushängeschild für eine Zahnarzt- oder eine Kieferorthopädiepraxis. Dies gilt natürlich nicht nur für die Mitarbeiterinnen, sondern ebenso für die praktizierende Ärztin.

Themen wie schwierige Lebenssituationen, zu denen zum Beispiel persönliche Schicksalsschläge, Erkrankungen und private Probleme, die sich stark auf die Arbeitsleistung und das Verhalten Ihrer Mitarbeiterinnen am Arbeitsplatz auswirken, können ebenfalls zu diesen „schwierigen Themen" zählen. Des Weiteren könnte es als schwierig empfunden werden, Fälle von Suchterkrankungen, wie zum Beispiel Drogenmissbrauch oder Alkoholerkrankungen sowie Kondolenzgespräche und Mobbing mit der Mitarbeiterin zu thematisieren.

6.2 Was macht es so schwer, über „schwierige Themen" zu sprechen?

Manche von Ihnen werden diese Beispiele für „schwierige Themen" ganz rational betrachten und diese gar nicht als so schwierig empfinden. Sehr häufig aber werden diese Themen für Mitarbeitergespräche als eher unangenehm verspürt. Die Angst den Mitarbeiterinnen zu nahe zu treten, zu tief in private Angelegenheiten einzugreifen und sie auf persönlicher Ebene zu verletzen, führt häufig so weit, dass diese Art der Mitarbeitergespräche entweder sehr lange aufgeschoben oder sogar komplett verdrängt werden.

Woran liegt es, dass sich die meisten Führungskräfte, was Sie als Ärztin auch sind, mit solchen Mitarbeitergesprächen schwertun?

Zum einen liegt es daran, dass solche Mitarbeitergespräche in der Regel nicht häufig geführt werden und eher die Ausnahme darstellen. Die Seltenheit bei dieser Art des Mitarbeitergespräches hat zur Folge, dass die Routine und der souveräne Umgang hierbei nur schwer zu erlangen sind. Zum anderen sind peinliche und unangenehme Momente meist vorprogrammiert.

Die folgenden Seiten sollen Sie unterstützen, solche Mitarbeitergespräche souverän und gelassen führen zu können. Das Beachten von einigen Kleinigkeiten und Besonderheiten wird dazu führen, dass „schwierige Themen" gar nicht mehr so schwierig mit Ihren Mitarbeiterinnen zu kommunizieren sind und Sie diese Gespräche noch erfolgreicher führen können.

6.3   Was führt jetzt aber genau dazu, dass die „schwierigen Themen" als so schwierig empfunden werden?

Meist sind die Dinge, die zu den „schwierigen Themen" zählen, höchst persönlich und sehr intim. Lediglich enge Freunde, Familienmitglieder und Lebenspartner gehören zu dem Kreis, die ein so realitätsnahes Feedback geben und auf diese Themen hinweisen dürfen.

Genau das ist der Grund, warum es Ihnen als Führungskraft bis jetzt noch nicht einfach fällt, diese Art des Mitarbeitergespräches zu führen. Die für den Berufskontext nötige Distanz zwischen Mitarbeiterin und Führungskraft sowie den Mitarbeiterinnen untereinander ist wesentlich für die empfundene Furcht und die Scham, mit „schwierigen Themen" sein Gegenüber vermeintlich verletzen zu können. Dieser kulturelle Rahmen mit seinen gesellschaftlichen Konventionen, in dem wir uns alle bewegen, erschwert es, allgemeine, kritische und negative Rückmeldungen zu geben.

Die ausgeprägte Achtsamkeit, den richtigen Zeitpunkt für diese Themen zu finden sowie vorhandene Empathie, erschwert es zusätzlich, diese Art des Mitarbeitergespräches zu führen.

Grundlage bildet hierfür die Annahme, die Mitarbeiterin durch solch scheinbar „schwierige Themen", kränken zu können. Ein jeder kennt das Empfinden des Schamgefühls, dass in Face-to-Face-Interaktionen situativ entstehen kann, wenn man mit einem Fremdbild zu der eigenen Person, welches nicht dem Selbstbild entspricht oder das man einfach nicht wahrhaben möchte, konfrontiert wird.

6.4   Was aber ist genau unser Selbstbild?

Das Selbstbild stellt ein subjektives Phänomen dar und wird durch die Art, wie wir uns selber wahrnehmen nach und nach ab der Kindheit geformt. Grundlage hierfür sind unsere inneren Überzeugungen und eben nicht objektiv beobachtbare Eigenschaften. Rückmeldungen zu unserer eigenen Person aus unserer Umwelt führen nach und nach zu der Entstehung unseres Selbstbildes. Demnach ist nicht einzig und allein unsere eigene Wahrnehmung ausschlaggebend für unser Selbstbild (vgl. Lemper-Pychlau 2015, S. 11).

Infolgedessen hat das Selbstbild große Bedeutung für unseren Lebensweg, denn durch ein positives Selbstbild, welches eine positive Sicht auf das eigene Ich bedeutet, erlangen wir zugleich ein hohes Maß an Selbstachtung. Das Selbstbild bestimmt das Ausmaß unseres Selbstvertrauens, welches uns in ausreichendem Maße für die unterschiedlichsten Herausforderungen in unserem Alltag wappnet und uns somit Chancen schafft. Im Gegensatz dazu können wir uns durch ein geringes Selbstvertrauen, was sich proportional zum Selbstbild verhält, ebenso Chancen nehmen (vgl. Lemper-Pychlau 2015, S. 11).

Das positive Selbstbild führt demnach dazu, dass wir uns in unserem Alltag mehr zutrauen, uns nicht schnell entmutigen lassen und ausdauernd unsere Ziele verfolgen. Schwierigkeiten und Herausforderungen können wir uns demnach zuversichtlich und unerschrocken stellen (vgl. Lemper-Pychlau 2015, S. 11).

Mal angenommen …
der beispielsweise bisherige Grund dafür, weshalb das Mitarbeitergespräch zu einem „schwierigen Thema" bis jetzt noch nicht zeitlich passte, wäre nicht erlaubt, was würde Sie jetzt noch daran hindern?

Ihr gutes Empathievermögen könnte gegebenenfalls dazu führen, dass Sie Ihre Mitarbeiterin mit der jeweiligen Thematik nicht kränken wollen. Vielleicht sind Sie aber auch der Meinung, dass nicht Sie die richtige Person sind, solch ein heikles Thema anzusprechen? Wissen Sie es sicher, dass Sie Ihre Mitarbeiterin hiermit kränken würden? Oder könnte es auch sein, dass sie vielleicht froh wäre, einen netten Hinweis zu ihrem Erscheinungsbild zu bekommen und zu bemerken, dass sie von Ihnen wahrgenommen wird, Sie ihr Aufmerksamkeit schenken, sich Zeit für sie nehmen und sich für sie interessieren? Es könnte ebenso sein, dass eine schwierige Lebensphase Grund für das ungepflegte äußere Erscheinungsbild ist und Sie hier als Arbeitgeber mit ihrem Mitarbeitergespräch einen unterstützenden Anstoß zum zukünftigen Veränderungsprozess liefern können.

Ein jeder kennt es: Es gibt im Leben Phasen, in denen alles drunter und drüber geht und wir alle lediglich versuchen, alles am Laufen zu halten, uns dazu aber nicht aus der eigenen und sicheren Komfortzone rausbewegen. Vielleicht können gerade Sie hier hilfreicher Stifter für Veränderung bei Ihrer Mitarbeiterin sein und den Startschuss mit Ihrem Mitarbeitergespräch auslösen.

Unter diesem Aspekt, der Mitarbeiterin mit solch einem Gespräch auch helfen zu können, sie zu unterstützen und ihr Aufmerksamkeit zu schenken, erscheint das „schwierige Themen"-Mitarbeitergespräch gar nicht mehr so schwierig.

Sie können viel mehr, als mit den üblichen Zaunpfählen zu winken
Häufig wird das als unangenehm verspürte Hygienegespräch oder auch andere „schwierige Themen" versucht zu umgehen. Entweder wird diese Art des Mitarbeitergespräches auf andere abgewälzt, die vermeintlich die bessere Person dafür darstellen, oder gar komplett verdrängt. Die komplette Verdrängung bietet

allerdings keine gute Alternative, denn sie führt nur dazu, dass sich der Ärger bei Ihnen oder bei den anderen Teammitgliedern unnötig weiter anstaut, obwohl er eigentlich ganz einfach zu umgehen wäre. Eine ebenso gern benutzte und unüberlegte Alternative bietet hier das uncharmante Platzieren von Deodorant oder Duschgel auf dem Schreibtisch der Mitarbeiterin oder das vielfache Anbieten von Pfefferminzbonbons. Beiläufige kleine Randbemerkungen werden ebenso gerne verwendet, um auf unangenehme Dinge hinzuweisen, doch meistens sorgen diese nur für beidseitige Verwirrung. Die Empfängerin versteht aufgrund mangelnder Genauigkeit und Direktheit die Botschaft nicht und Sie verstehen wiederum nicht, warum die Mitarbeiterin es nicht versteht.

Ein ehrliches und konstruktives Mitarbeitergespräch kann hier Wunder bewirken und ist letztendlich alles andere als schwierig.

6.5 Wie können Sie nun solch ein „Schwierige Themen"-Mitarbeitergespräch führen, sodass es für Ihre Mitarbeiterin und für Sie hilfreich ist?

Wenn Sie vermuten, Ihre Mitarbeiterin mit dem folgenden Mitarbeitergespräch – wie im Falle von Alexandra – verletzen zu können, dann nutzen Sie doch einfach Ihre gutes Empathievermögen und Ihr Zeitgefühl.

Ein gelungener Einstieg für solch ein Mitarbeitergespräch über ein „schwieriges Thema" stellt die Einleitung mit Ihren persönlichen Bedenken dar. Äußern Sie offen und ehrlich gegenüber Ihrer Mitarbeiterin, dass Sie persönliche Bedenken haben, dieses Gespräch zu führen. So wird Ihre Mitarbeiterin das Gespräch nicht als vermeintlich „bloße Kritik" empfinden, was weder für Sie noch für Ihre Mitarbeiterin hilfreich wäre. Das Mitteilen Ihrer persönlichen Bedenken zeigt, dass Sie sich im Vorfeld Gedanken gemacht haben und mehr bezwecken möchten. Eins der folgenden drei Beispiele könnte Ihnen hierfür einen Einstieg bieten.

„Es könnte sein, dass ich Dich mit den folgenden Worten vor den Kopf stoße, aber es ist mir dennoch sehr wichtig, Dir das mitzuteilen, weil ich Dich als Mitarbeiterin wertschätze ... "

„Ich hoffe, ich werde Dich jetzt nicht enttäuschen oder kränken ... "

„Ich befürchte, Dich mit den folgenden Worten verärgern zu können ... "

Fragen Sie, nachdem Sie Ihrer Mitarbeiterin Ihre persönlichen Bedenken geäußert haben, immer um Erlaubnis, ehrlich sein zu dürfen. Im Allgemeinen wird keine Ihrer Mitarbeiterinnen dies ablehnen und Sie haben so dem Ärger schon einmal den Wind aus den Segeln genommen.

„Alexandra, ich habe heute ein recht sensibles Thema mitgebracht, darf ich ehrlich zu Dir sein?"

„Ich freue mich, dass wir alle immer so ehrlich und offen miteinander umgehen, darf ich es auch heute sein?"

„Ich schätze Dich sehr als Teil unseres Teams und als langjährige Mitarbeiterin, darum möchte ich heute ein persönliches Thema ansprechen, darf ich hierbei ehrlich zu Dir sein?"

Des Weiteren kann es sehr unterstützend sein, bei solchen Themen, die als nicht einfach zu kommunizieren empfunden werden, schnell auf den Punkt zu kommen. Reden Sie also nicht lange um den heißen Brei, denn Ihre Mitarbeiterin weiß, dass Sie sie nicht zum Kaffeetrinken eingeladen haben und wartet darauf, was Sie ihr sagen möchten.

Ein paar nett umschreibende Worte können diese Art des Mitarbeitergespräches ebenso erleichtern. Trotzdem können Ihre Worte so gewählt sein, dass Ihre Mitarbeiterin genau versteht, was Sie meinen und nicht mit vielen Fragezeichen im Kopf aus diesem Gesprächstermin herausgeht.

Im Falle Alexandra könnte Christina beispielsweise so vorgehen …

Liebe Alexandra, ich freue mich, dass wir gemeinsam Zeit für ein Gespräch gefunden haben. Danke! Es könnte allerdings sein, dass ich Dich mit den folgenden Worten vor den Kopf stoße, aber es ist mir dennoch sehr wichtig, Dir das mitzuteilen, weil ich Dich als Mitarbeiterin sehr wertschätze. Außerdem gefällt es mir sehr gut, dass wir beide immer so offen und ehrlich miteinander sprechen können. Können wir das auch heute tun?

Ich bin mir dessen bewusst, dass die vergangenen Wochen dieses Quartals sehr stressig und anstrengend für uns alle waren. Mir ist häufiger aufgefallen, dass Du morgens mit verschmutzter Kleidung erscheinst und auch etwas stärker schwitzt. An manchen Tagen riecht man es dann doch etwas stärker.

Hast Du denn noch genügend von unseren Poloshirts, die wir alle tragen oder benötigst Du neue? Ich dachte mir, ich gebe Dir einfach mal einen kleinen Hinweis. Wie geht es Dir denn sonst momentan?

Das Beenden dieses Gespräches mit dem Erfragen, ob Sie in irgendeiner Art und Weise Ihre Mitarbeiterin unterstützen können und wie es ihr sonst momentan ergeht, räumt Ihrer Mitarbeiterin die Chance ein, eventuelle Gründe, schwierige Lebenssituationen etc. zu erläutern. Zusätzlich gibt es Ihrer Mitarbeiterin das Gefühl, dass Sie sich für sie interessieren und ihr Aufmerksamkeit schenken und nicht einfach nur etwas zu kritisieren haben.

Persönliche Gesprächsnotizen

Damit Ihr Mitarbeitergespräch „Schwierige Themen" gar nicht so schwierig zu
führen ist und von Ihrer Mitarbeiterin nicht als bloße Kritik aufgefasst wird, ist
es hilfreich, sich im Vorfeld ein paar Gedanken dazu zu machen. Dies ist wichtig, damit Sie Ihre Mitarbeiterin nicht durch unpassende Worte kränken oder
verärgern. Des Weiteren können Sie durch eine geschickte Wortwahl und ein
wenig Einfühlungsvermögen die eigentlich vorprogrammierten peinlichen
Momente bei solchen Gesprächsthematiken vermeiden oder zumindest minimie-
ren. Ihre persönlichen Gesprächsnotizen werden Ihnen dabei helfen, dass Ihre
Mitarbeiterin mit dem Gefühl, dass Sie sich für sie interessieren und ihr Aufmerksamkeit schenken, aus dem Gespräch rausgeht. Fragen Sie sich im Vorfeld
Folgendes:

Anregungen	Persönliche Notizen
1. Mit welchem Verhalten oder welcher Thematik fällt Ihre Mitarbeiterin negativ auf?	
2. Fällt Ihre Mitarbeiterin das erste Mal hierdurch negativ auf oder ist es schon öfter passiert?	
3. Fällt es lediglich Ihnen negativ auf oder auch den anderen Mitarbeiterinnen und sogar den Patienten?	
4. Haben Sie Ihre Mitarbeiterin bereits schon einmal darauf angesprochen?	
5. Haben Sie das negative Verhalten oder die Thematik selber bemerkt oder wurde es Ihnen von anderen Mitarbeiterinnen oder Patienten zugetragen?	
6. Können Sie Ihrer Mitarbeiterin eine Unterstützung bezüglich dieser Thematik anbieten?	
7. Gibt es einen arbeitsvertraglich geregelten Dresscode, der hierdurch nicht eingehalten wird?	

Mit den folgenden zehn Schritten können Sie Ihr Mitarbeitergespräch „Schwierige Themen" strukturieren und führen

---

Checkliste – Gesprächsleitfaden Mitarbeitergespräch

1. Ihre persönliche Vorbereitung ☐
   Machen Sie sich, bevor Sie mit Ihrer Mitarbeiterin sprechen, Gedanken zu den obig genannten Punkten der Gesprächsnotizen und verschriftlichen Sie diese gegebenenfalls, um strukturiert und sicher Ihr Mitarbeitergespräch führen zu können und nichts zu vergessen.

2. Laden Sie Ihre Mitarbeiterin zu dem Gespräch ein. ☐
   a. Legen Sie Ort und Zeit fest.
   b. Versuchen Sie, alle möglichen Störfaktoren im Vorfeld zu beseitigen (Handy auf lautlos schalten, ruhige und ungestörte Räumlichkeiten).

3. Schaffen Sie eine angenehme Gesprächsatmosphäre. ☐
   a. Zeigen Sie ein positives nonverbales Ausdrucksverhalten (Gestik, Mimik, Körperhaltung etc.)
      I. Offener und gerader Blick
      II. Offener und freundlicher Gesichtsausdruck
      III. Offene und gerade Körperhaltung
      IV. Halten Sie Kontakt zu Ihrem Gesprächspartner
      (vgl. Rohrschneider et al. 2015, S. 54)
   b. Führen Sie keinen Monolog und lassen Sie Ihre Mitarbeiterin ausreichend zu Wort kommen.
   c. Hören Sie aktiv zu und schenken Sie Ihrer Mitarbeiterin genügend Aufmerksamkeit.
   d. Senden Sie Ich-Botschaften.

4. Bedanken Sie sich zum Gesprächseinstieg bei Ihrer Mitarbeiterin dafür, dass ☐
   sie sich Zeit genommen hat.
   „Ich freue mich, dass wir gemeinsam Zeit für ein Gespräch gefunden haben. Danke."

5. Äußern Sie Ihre persönlichen Bedenken. ☐
   „Ich hoffe, ich werde Dich jetzt nicht enttäuschen oder kränken ..."

6. Fragen Sie Ihre Mitarbeiterin um Erlaubnis, ehrlich sein zu dürfen. ☐
   „Ich freue mich, dass wir alle immer so ehrlich und offen miteinander umgehen, darf ich es auch heute sein?"

7. Benennen Sie konkret das dem Gesprächsanlass zugrunde liegende Verhalten ☐
   oder die zugrunde liegende Thematik.
   „Alexandra, die letzten Wochen waren sehr anstrengend für uns alle. Mir ist des Öfteren aufgefallen, dass Du mit verschmutzter Berufsbekleidung zur Arbeit erschienen bist und scheinbar auch etwas intensiver schwitzen. Dies riecht man teilweise auch etwas stärker."

8. Geben Sie Ihrer Mitarbeiterin die Chance/Zeit, auf die benannte Thematik zu reagieren. ☐

9. Erfragen Sie, ob Sie auf eine Art und Weise in einem entsprechenden Rahmen unterstützend mitwirken können. ☐
   „Hast Du noch genügend von unseren einheitlichen Poloshirts? Oder können wir Dir neue bestellen?"

10. Positiver Abschluss und eventuelle Fragen ☐
    „Danke, dass Du Dir Zeit genommen hast. Ich bin sehr erfreut darüber, dass wir so offen und ehrlich miteinander sprechen konnten. Wenn zukünftig wieder eine so schwierige Phase bei Dir eintritt, kannst Du mir dies gerne jederzeit mitteilen und wir werden eine Lösung für Dich finden."

Nicht nur ein ungepflegtes Äußeres,
schwierige Lebensphasen, Kondolenzgespräche und Mobbing können als schwierig und unangenehm kommunizierbar empfunden werden, sondern ebenso unpassender Körperschmuck, Tätowierungen, Bärte und außergewöhnliche Frisuren.

Schon lange nicht mehr sind Tätowierungen nur bei Sträflingen und Seefahrern zu finden. Sie haben längst den Eintritt in alle Gesellschaftsschichten gefunden. Es gibt allerdings immer noch Branchen und Jobs, in denen großflächige und sichtbare Tätowierungen nicht gewünscht sind. Gerade in den Jobs, in denen die Mitarbeiterinnen täglich mit Publikum zu tun haben, dürfen die Arbeitgeber verlangen, dass die Mitarbeiterinnen ihr Auftreten dem Unternehmen entsprechend anpassen. Hierzu zählen nicht nur die Branchen wie Banken und Polizei, in denen keine sichtbaren Tätowierungen erlaubt sind, sondern ebenso auch Praxen und Krankenhäuser. Obwohl heutzutage fast jede fünfte Person tätowiert ist, wird unter anderem in den zuvor genannten Branchen noch sehr zurückhaltend damit umgegangen.

Wie Sie als Arzt und Führungskraft in Ihrer eigenen Praxis mit Tätowierungen, Frisuren und Piercings umgehen, obliegt Ihrer persönlichen Praxisphilosophie. Grundsätzlich können Sie einen Dresscode bestimmen, den Ihre Mitarbeiterinnen auf der Arbeit umzusetzen und zu tragen haben, denn Ihre Mitarbeiterinnen präsentieren täglich mit ihrem Auftreten den Charakter Ihrer Praxis nach außen. Wie im Falle von Zahnärztin Christina ist es zu empfehlen, die Mitarbeiterinnen zu Beginn ihrer Tätigkeit in Ihrer Praxis entsprechend dem Corporate Design mit einer Grundausstattung der entsprechenden Praxisbekleidung auszustatten und eventuell ein jährliches Bekleidungsgeld oder gar die komplette Praxisbekleidung der Mitarbeiterinnen zu stellen. Ergänzend kann es schon im Vorfeld beim Bewerbungsgespräch für Sie hilfreich sein, Ihre Vorstellungen bezüglich des Auftretens in Ihrer Praxis zu kommunizieren, wenn der Dresscode nicht vertraglich geregelt ist. Allerdings gilt es auch für Sie, das Persönlichkeitsrecht Ihrer Mitarbeiterinnen zu wahren.

Ganz anders sieht es bei Schmuckstücken an den Händen und Unterarmen sowie Piercings und künstlichen oder lackierten Fingernägeln aus. Hier können Sie sich, sofern es nötig ist, in Ihrem Mitarbeitergespräch auf die TRBA250 (Biologische Arbeitsstoffe im Gesundheitswesen und in der Wohlfahrtspflege) (vgl. BWG 2017) beziehen. Die technischen Regeln für biologische Arbeitsstoffe definieren, was medizinischen- und zahnmedizinischen Fachangestellten in Arzt,- Zahnarztpraxen etc. bei der täglichen Arbeit mit Patienten gestattet ist und was nicht.

Allerdings kann es für Sie trotzdem unterstützend sein, sich – wie bereits obig beschrieben – Gedanken in Form von persönlichen Gesprächsnotizen sowie eines Gesprächsleitfadens zu machen.

Auch wenn gewisse Bereiche durch hygienische Vorschriften geregelt sind, auf die Sie sich jederzeit berufen können, kann es passieren, dass sich eine langjährige Mitarbeiterin wie beispielsweise Alexandra erst nach einigen Jahren eine großflächige und offensichtliche Tätowierung stechen lässt, mal etwas Verrücktes mit ihren Haaren ausprobieren möchte oder auf einmal künstliche Fingernägel trägt. In diesem Falle kann es dann sehr förderlich für Sie und das Gespräch sein, nicht sofort den Vorschlaghammer im Mitarbeitergespräch herauszuholen, sondern mit einer gewissen Portion Fingerspitzengefühl damit umzugehen. Denn über Geschmack lässt sich bekanntlich nicht streiten. Trotzdem sollten Sie sich hier jederzeit klar positionieren und der jeweiligen Mitarbeiterin erklären, wo Ihre persönliche Schmerzgrenze, zum Beispiel bei sichtbaren Tätowierungen, liegt, auch wenn dies gesetzlich nicht geregelt ist.

Eine offene und ehrliche Praxiskultur

Auch wenn es zahlreiche Tipps und Hilfestellungen, die Sie unterstützen sollen, „Schwierige Themen"-Mitarbeitergespräche zu führen, gibt, ist das hilfreichste Mittel noch immer eine ehrliche und offen gelebte Praxiskultur. So eine unverschleierte und direkte Praxiskultur kann für Sie nur ein unterstützendes Ziel in Ihrer täglichen Arbeit und Zusammenarbeit sein.

In Sachen Feedback oder heikle Themen wäre es für Sie, aber auch für Ihre Mitarbeiterinnen am hilfreichsten dafür zu sorgen, dass peinliche Momente gar nicht erst vorprogrammiert sind. Kultivieren Sie also regelmäßiges Feedback sowie einen offenen Umgang auch mit manchmal schwierigen Themen, sodass eine souveräne Handhabung hiermit in Ihrer Praxis entstehen kann. Denn wir alle wissen, dass meist eine gewisse Differenz zwischen der Selbst- und

Fremdwahrnehmung besteht. Diese Differenz gilt es, in der täglichen Zusammenarbeit in Ihrer Praxis zu beleuchten. Folglich kann so ein offener Umgang Antrieb für stetige Weiterentwicklung sein.

Zusammenfassend kann gesagt werden, dass „schwierige Themen" im Mitarbeitergespräch mit ein paar kleinen Tricks und Kniffen gar nicht so schwierig zu kommunizieren sind. Mit einer kleinen Vorbereitung Ihrerseits und einer Praxiskultur, in der generell offen und direkt kommuniziert wird, werden für Sie, aber auch für Ihre Mitarbeiterinnen mit hoher Wahrscheinlichkeit die peinlichen Momente in diesem Gespräch ausbleiben und sich keiner gekränkt fühlen. Ganz im Gegenteil, es bietet Ihnen die Möglichkeit, dass sich Ihre Mitarbeiterin hierdurch wertgeschätzt und wahrgenommen fühlt.

Im Falle Alexandra ergab sich durch das von Zahnärztin Christina mit etwas Fingerspitzengefühl vorbereitete Mitarbeitergespräch für sie die Möglichkeit, etwas an ihrer Optik und ihrem manchmal doch etwas strengem Geruch in stressigen Phasen zu ändern.

Zu guter Letzt

Christina, vielen Dank für den Hinweis! Ich hatte wirklich sehr viel privaten Stress in letzter Zeit und zudem war unser Quartal ebenso stressig. Mir ist mein ungepflegtes Erscheinungsbild leider überhaupt nicht bewusst gewesen. Ich habe es zwar manchmal nicht geschafft, regelmäßig meine Praxiskleidung in die Wäsche zu geben, aber das ich manchmal unangenehm gerochen habe oder man sogar die Flecken auf meiner Berufsbekleidung gesehen hat, wusste ich nicht. Warum hat mich denn vorher noch niemand darauf aufmerksam gemacht? Wenn wir mir allerdings zwei weitere Poloshirts bestellen könnten, wäre das sehr von Vorteil für mich und würde mir helfen. So hätte ich die Möglichkeit, wenn ich wieder in so einer stressigen Phase sehr stark schwitzen sollte, mein Shirt in der Pause zu wechseln. Dass Du so ehrlich mir gegenüber warst, erfreut mich und bedeutet mir sehr viel.

Literatur

Lemper-Pychlau, M. (2015). *Erfolgsfaktor gesunder Stolz, essentials* (S. 11). Wiesbaden: Springer.

Rohrschneider, U., Lorenz, M., & Müller-Thurau, c. (2015). *Vorstellungsgespräche* (2.Aufl., S. 54). Freiburg: Haufe

BGW (2017). www.bgw-online.de/SharedDocs/Downloads/DE/Medientypen/DGUV_vorschrift-regel/TRBA250_Biologische-Arbeitsstoffe_Download.pdf?__blob = publicationFile, Zugegriffen: 28. Nov. 2017.

Entlohnung mit System – Gehaltsgespräche

7

Frauke Korkisch

Beim Geld hört die Freundschaft bekanntlich auf.

© Tatjana Stefanowsky

Ist das der Grund, warum uns die Gespräche um Gehälter, um mehr Geld oder um den Wert der Arbeit so schwerfallen?

© Springer Fachmedien Wiesbaden GmbH, ein Teil von Springer Nature 2019
S. F. Kock et al., *Wir müssen reden …,*
https://doi.org/10.1007/978-3-658-22583-4_7

Kennen Sie das auch?

Es ist Montagmorgen und Christina will in die Sprechstunde starten, da wird sie von Bettina angesprochen: „Ich möchte gern in der Mittagspause mit Dir über meine Arbeitssituation sprechen, können wir uns für einen Moment verabreden?"
Christina schätzt Bettina als gewissenhafte, tüchtige und belastbare MFA, die seit vielen Jahren eine Stütze der Praxis ist, auch wenn sie nach der Babypause jetzt halbtags arbeitet. Daher schlägt sie die Bitte nicht aus und findet sich ganz unverhofft in der Mittagspause mit Bettina im Besprechungsraum wieder. Sie hält sich nicht lange mit Vorreden auf, sondern kommt gleich zur Sache – sie habe sich am Wochenende mit ihrem Ehemann besprochen. Sie hätten eine Mieterhöhung hinzunehmen, die Betriebskosten stiegen ohnehin. Ihr PKW, den sie ja schließlich braucht, um zur Arbeit zu kommen, sei nun sehr in die Jahre gekommen und werde es wohl nicht mehr durch den TÜV schaffen, ein neuer Wagen müsse angeschafft werden – „Um es kurz zu machen, Christina, ich wollte mit Dir über eine Gehaltserhöhung sprechen. Die letzte liegt ja nun schon einige Zeit zurück. Ich denke, mir steht auch mehr Geld zu, als ich im Moment bekomme. Was meinst Du?"
Christina ist nicht nur überrascht, sondern eher überrumpelt. Was als Gespräch über die Arbeitssituation angekündigt worden war, entpuppt sich als dringliches Gehaltsgespräch. Damit war nicht zu rechnen und da ihr die Pistole auf die Brust gesetzt wird, ist ihre erste Reaktion diese: „Oh, Bettina, ehrlich, ich kann jetzt nicht allen auch noch mehr Geld zahlen, wie stellst Du Dir das in unserer jetzigen Situation vor? Nächstes Jahr vielleicht, wenn sich die Lage entspannt hat. Aber wenn ich bei Dir ja sage, dann kommen die anderen auch alle."
„Heißt das jetzt etwa nein?", fragt Bettina. „Ich kann heute nichts dazu sagen, wir können nächsten Monat ja noch mal darüber sprechen, mal sehen." und weil ihr die Situation zu brenzlig wird, steht Christina schon mal auf, um auch zu signalisieren, dass das Gespräch zu Ende geht. „Na toll", ist Bettinas Kommentar, und: „Was soll nächsten Monat denn wohl anders sein?" Enttäuscht und grußlos verlässt sie den Raum. Die schlechte Stimmung und deren Grund macht unter den Kolleginnen schnell die Runde. Am Ende der Woche munkelt man, Bettina sieht sich nach einer neuen Stelle um.

Was war passiert?
Viele Kolleginnen scheuen die Gespräche über Gehälter, Gründe dafür sind vielfältig. Neben der Furcht, dass die Ablehnung einer Forderung zu Unmut und Unfrieden in der Praxis führt, könnte die Folge auch die Kündigung und damit der Verlust einer wichtigen Mitarbeiterin bedeuten. Beides will man nicht riskieren. Ein finanzielles Zugeständnis an eine ZFA könnte aber auch Forderungen der Kolleginnen nach sich ziehen.

Der vielleicht entscheidende Grund liegt aber wohl in der fehlenden Übersicht der Praxisinhaberin, welche Leistung die einzelnen Mitarbeiterinnen in der Praxis und im Team erbringen. Die autonomen Arbeitsbereiche in den Funktionen einer Praxis sehen eine enge Zusammenarbeit zwischen Arzt und ZFA in einem Raum und damit die Gelegenheit der Arbeitsbeobachtung oft nicht mehr vor. Die administrativen Aufgaben sind von den medizinischen nicht nur räumlich fast vollständig getrennt. Damit wird es schwierig, Kompetenz, Engagement, Freundlichkeit und Zugewandtheit der einzelnen ZFA auch und vor allem dem Patienten gegenüber zu bewerten.

Aber genau darum geht es! Welche Leistung lässt sich welcher Kollegin zuordnen. Wie ist diese Leistung und damit die betreffende ZFA zu bewerten: Welchen Anteil hat die Kollegin am Erfolg Ihrer Praxis. Und damit ist nicht nur der betriebswirtschaftliche Erfolg gemeint.

Die eingangs beschriebene Situation kann in der Praxis so oder ähnlich stattfinden, weil Mitarbeiter- und/oder Gehaltsgespräche nicht zur fest etablierten Jahresrhythmik gehören. Zu selten gibt es Vereinbarungen, die es für beide Parteien planbar machen, wann wichtige Anliegen besprochen werden. Es bleibt also unklar, wann über (mehr) Geld gesprochen werden wird. Das nötigt die Angestellte dazu, initiativ zu werden und ein solches Gespräch zu „erzwingen". Damit gibt der Arbeitgeber aber das Heft aus der Hand und wird überrumpelt.

7.1 Wozu dienen Ihnen eigentlich regelmäßige Gehaltsgespräche?

In einem solchen Dialog haben beide Parteien die Gelegenheit, die Arbeitssituation der ZFA zu beurteilen, die Arbeitsleistung fair aus zwei Perspektiven zu bewerten, Verbesserungsmöglichkeiten zu formulieren und Wünsche zu äußern. Neben dem Blick ins Folgejahr der Beschäftigung geht es auch um die längerfristige Planung, also um Weiterentwicklungsmöglichkeiten der Kollegin.

Dieses Gespräch sollte jährlich stattfinden, neben der Gesamtbeurteilung der Leistung können sich die Erwartungen von Arbeitgeberin und Arbeitsnehmerin aneinander klären lassen. Da ist es dann nur logisch und konsequent, auch über den „Gegenwert" dieser Leistung zu sprechen.

Einmal eingeführt, werden diese Gespräche in den Folgejahren beiden Parteien von Jahr zu Jahr leichterfallen und sich zu einem Gesprächszyklus mit allen Mitarbeiterinnen entwickeln, der Ihnen nicht nur ein Barometer der Stimmung in Ihrem Hause und der einzelnen Mitarbeiterin sein wird, sondern Ihnen auch das Potenzial Ihres Teams verdeutlicht:

Was haben Sie im vergangenen Jahr geschafft, welchen Herausforderungen haben Sie sich gestellt, was werden Ihre Aufgaben in der nächsten Periode sein, welche Projekte sind Ihnen ein besonderes Anliegen, wohin soll die Reise gehen? Sie wollen strategisch vorgehen und eine mittelfristige Planung anstrengen, dann müssen Sie im Rahmen dieser Gespräche auch planen und vorschlagen, wer für welche Aufgaben infrage kommt und was das für beide Seiten bedeuten kann.

7.2 Vermeiden Sie Ungerechtigkeiten!

Hat Christina Übersicht über die von ihr gezahlten Gehälter, vor allem in Bezug auf die damit verbundenen Inhalte? Oder hat sie Sorge um eine Kostensteigerung? Oder hat Bettina sie nur einfach auf dem falschen Fuß erwischt? Letzteres ist sicher, aber darüber hinaus dürfen wir annehmen, dass es auch die Sorge um zu hohe Lohnkosten ist.

Was aber nun, wenn auch Bettina Recht hat? Sie leistet viel für ihren Arbeitsplatz, sie ist qualifiziert, sie ist langjährig erfahren, sie hat vielleicht besondere Kompetenzen und übernimmt dementsprechend auch wichtige Aufgaben in der Praxis. Das muss sich doch auch im Gehalt niederschlagen.

Aber beobachten Arbeitgeberinnen die persönliche und professionelle Entwicklung ihrer Angestellten, ziehen sie Rückschlüsse für die Funktion der Mitarbeiterin in der Praxis daraus und passen auf dieser Basis den Arbeitsplatz und das Gehalt an?

Die Beobachtung zeigt etwas anderes:

7.3 Die häufigsten Fehler beim Thema Geld und Gehalt

- Es wird gepokert.
- Es wird auf Zeit gespielt.
- Es werden Beträge genannt, die sich nicht erklären/rechtfertigen lassen.
- Es werden (unfaire) Vergleiche zu Kollegen gezogen.
- Es wird mit Bedingungen oder Erpressung gearbeitet.
- Es werden Zugeständnisse gemacht, um Mitarbeiter zu halten.
- Es werden Hinhaltetaktiken verwandt.
- Es wird immer wieder vertröstet.
- Es wird mit einem Mehr an Bedarf argumentiert.

Allen potenziellen Fehlern ist vor allem eins gemein:
Es wird über Geld und nicht über Leistung gesprochen!
So schaffen Sie Transparenz zum Thema Gehalt in Ihrem Team/Ihrer Praxis.

Um es gleich vorwegzunehmen: Wenn jeder über die Höhe des Gehaltes der Kolleginnen Bescheid weiß, trägt das eben nicht zu mehr Zufriedenheit aller bei. Diejenigen, die weniger bekommen (der Grund spielt dabei eine nachrangige Rolle), sind unzufrieden, wenn sie sehen, wer alles mehr bekommt. Diejenigen, die mehr bekommen, sind nicht zufriedener, weil sie zu den „Glücklichen" gehören, im Gegenteil sie werden unzufrieden, weil eine Steigerung des Gehaltes weniger wahrscheinlich wird. Die Nettozufriedenheit der Belegschaft nimmt ab (Prof. Sliwka) (Sattler, A. 2016).

Ein Ansatz, der sich vor allem dann auch anbietet, wenn sich ein Team zusammenfindet, ist eine Bemessung der Vergütung auf der Grundlage des Tarifvertrages oder eines daran angelehnten Entlohnungssystems.

War es in der Tat viele Jahre in der Vergangenheit so, dass die Jahre der Betriebszugehörigkeit auch über die Höhe des Gehaltes entschieden, also alle zwei Jahre mit einem Gehaltsplus zu rechnen war, gibt es in der neueren Ordnung des Tarifvertrages seit 2013 drei unterschiedliche Kriterien. Einfluss auf die Höhe des Monatslohnes hat die Tarifgruppe, also Jahre im Beruf, außerdem die Tätigkeitgruppe, also der Grad an Aufgaben, die eine ZFA in der Praxis übernimmt. Dabei wird klar zwischen zuarbeitenden Tätigkeiten und selbständig ausgeführten Aufgaben unterschieden. Zu guter Letzt fließt der Fortbildungsumfang, der vorab oder in den Jahren der Betriebszugehörigkeit geleistet wurde und natürlich Einfluss auf die fachliche Kompetenz wie Entwicklung einer Mitarbeiterin hat, in diese Kalkulation mit ein (vgl. Tab. 7.1 und 7.2).

Um Missverständnissen entgegenzutreten, sei hier klargestellt, dass die Autoren keine Verfechter der ausschließlich tarifrechtlichen Orientierung in

Tab. 7.1 Aktueller Tarifvertrag der BÄK für MFA (auf Nachkommastellen wurde verzichtet). (Bundesärztekammer Bekanntmachungen 2017)

Berufsjahr	Tätigkeitsgruppen					
	I	II	III	IV	V	VI
1. Stufe: 1.– 4.	1884.–	2025.–	2120.–	2261.–	2449.–	2826.–
2. Stufe: 5.–8.	2046.–	2199.–	2302.–	2455.–	2660.–	3069.–
3. Stufe: 9.–12.	2176.–	2339.–	2448.–	2611.–	2829.–	3264.–
4. Stufe: 13.–16.	2237.–	2405.–	2517.–	2685.–	2909.–	3356.–
5. Stufe: ab 17.	2475.–	2661.–	2785.–	2970.–	3218.–	3713.–

Tab. 7.2 Tarifvertragliche Gruppierung für ZFA (gültig ab 01.10.2018; auf Nachkommastellen wurde in Tarifgruppen verzichtet). (Geschäftsstelle Verband med. Fachberufe e. V. 2017)

Berufsjahr	Tätigkeitsgruppen				
	I	II	III	IV	V
1. Stufe: 1.–3.	1891.–	2033.–	2222.–	2364.–	2458.–
2. Stufe: 4.–6.	1985.–	2134.–	2332.–	2481.–	2580.–
3. Stufe: 7.–9.	2141.–	2302.–	2516.–	2676.–	2783.–
4. Stufe: 10.–12.	2215.–	2381.–	2603.–	2769.–	2879.–
5. Stufe: 13.–15.	2261.–	2431.–	2657.–	2826.–	2939.–
+ je 3 weiter BJ	67,50.–	73,00.–	79,50.–	84,50.–	88,00.–

Arbeitsverhältnissen sind, aber diese Herangehensweise schafft einen Grad an Vergleichbarkeit und Gerechtigkeit in der Bemessung, die zuvor nicht gegeben waren und die Einfluss- wie Aufstiegsmöglichkeiten der MFA offenlegen.

Denn die Tätigkeitsgruppen helfen Ihnen, eine inhaltliche Einstufung vorzunehmen:

Während man von einer Berufsanfängerin erwarten darf, dass sie die in der Ausbildung erworbenen Kenntnisse anwenden kann und Tätigkeiten nach allgemeinen Anweisungen ausführt, so sieht die Situation in der Tätigkeitsgruppe II schon anders aus: Es wird von einem weitestgehend selbstständigen Arbeiten ausgegangen, wobei vielseitige Fachkenntnisse vorausgesetzt werden.

Spezialisierte Fertigkeiten in einem Arbeitsbereich durch eine Fortbildungsmaßnahme, die 40 h umfasst, und dementsprechende Berufserfahrung rechtfertigen ein höheres Gehalt. Dies können zum Beispiel Qualifikationen im Bereich Qualitätsmanagement, Hygienemanagement, Impfassistenz, Betreuung der DMPs einer Praxis sein. In der nächsten Klassifikation werden konsequenterweise mehr Berufserfahrung und ein Fortbildungsquantum von mindestens 80 h vorausgesetzt.

In der Tätigkeitsgruppe IV sind Fachkenntnisse zu erwarten, die im Rahmen von Qualifikationsmaßnahmen von mindestens 120 h, wie ambulantes Operieren, als Versorgungsassistentin in Hausärztlicher Praxis (VERAH), Fachweiterbildung Endoskopie, Onkologie, Dialyse, Ernährungsmedizin vermittelt werden.

Von einer Mitarbeiterin, die länger als 10 Jahre im Beruf ist, darf man erwarten, dass sie sich fortgebildet hat. Es können sich daher auch Positionen in der Praxisleitung anbieten:

Erst eine Fortbildungsmaßnahme im Sinne der Fachwirtin und einem Fortbildungsumfang von mindestens 360 h qualifiziert eine Mitarbeiterin für die nächsthöhere Tätigkeitsgruppe, in die Tätigkeitsgruppe VI wird eingeordnet, wer leitungs-und führungsbezogene Aufgaben in einer Praxis übernimmt und besondere Fähigkeiten bei Organisation und Steuerung mehrerer Arbeitsbereiche hat. Es werden 600 h Fortbildung vorausgesetzt, was einer Ausbildung zur Betriebswirtin im Gesundheitswesen entspricht.

Tätigkeitsgruppe I ZFA nach abgeschlossener Berufsausbildung ohne Fortbildung erhält die Grundvergütung (GV)

Tätigkeitsgruppe II ZFA nach anerkannten Fortbildungen, die mindestens 65 h beinhalten, erhalten GV + 7,5 %

Tätigkeitsgruppe III ZFA nach anerkannten Fortbildungen die mindestens 200 h beinhalten, erhalten GV + 17,5 %

Tätigkeitsgruppe IV Ausgebildete ZMF, ZMP, ZMV, AZP erhalten GV + 25 %

Tätigkeitsgruppe V Dentalhygienikerin, Betriebswirtin im Gesundheitswesen erhält + 30 % zur Grundvergütung

Sie als Arbeitgeberin sollen diese Summen stemmen. Darum ist es wichtig, auch dies zu kalkulieren:

MFA oder ZFA gehören nicht zu den Berufsgruppen mit einer besonders hohen Entlohnung trotz der zu tragenden Belastung und Verantwortung. Die Tätigkeit ist nach wie vor ein rein weibliches Berufsbild, es kommt zu Unterbrechungen der Berufstätigkeit durch Familiengründung, Pflege und anderem.

Bei einem durchschnittlichen Jahresbruttogehalt von ca. 23.000 € kommt eine Angestellte nach ungefähr 30 Berufsjahren auf eine Rente von ca. 610 €. Davon kann sie im Alter nicht leben.

Eine Anlehnung der Beschäftigungsverhältnisse an einen Tarifvertrag oder ein ähnliches Entlohnungssystem schafft vor allem neben der Gehaltstransparenz eine Leistungstransparenz. Die Verknüpfung aus beiden macht allen Beschäftigten die Korrelation deutlich und kann dann auch als gerecht empfunden werden.

7.4 Womit Sie rechnen dürfen, wenn deutlich wird, dass sich die Höhe des Gehaltes nicht nur an der Leistung jeder einzelnen Mitarbeiterin bemisst

- Es wird viel über Ungerechtigkeit gesprochen
- Die Gruppe Ihrer Mitarbeiterinnen wird sich in kleinere Lager teilen: Gleichgesinnte wie gleichermaßen Betroffene schließen sich zusammen
- Der Spaß an der Arbeit selbst und der Arbeit im Team lässt nach
- Eigeninitiative wird selten, Vorschläge aus dem Team sind rückläufig

- Der Frust und die Arbeitsunlust nehmen zu
- Es wird Dienst nach Vorschrift gemacht (Stichwort „innere Kündigung")
- Krankmeldungen nehmen zu
- Es kommt zum Ausscheiden einzelner ZFAs/MFAs
- Die Haltung „Leistung lohnt sich", weicht der Einstellung: Belohnt wird, wer beim Chef beliebt ist

7.5   Vorbereitung ist Ihre halbe Miete

Was ist also Voraussetzung für ein Gehaltsgespräch auf Augenhöhe:

- Machen Sie sich kundig, was leisten Ihre Mitarbeiterinnen, wo liegen die individuellen Stärken?
- Was wissen Sie z. B über eine Mitarbeiterin wie Bettina, was genau schätzen Sie an ihr?
- Worin ist sie besonders gut, welche Aufgaben trägt sie, was zeichnet sie aus?
- Gibt es ein Alleinstellungsmerkmal für diese Mitarbeiterin?
- Können Sie ein besonders positives Ereignis einer einzelnen Mitarbeiterin zuordnen?
- Welchen Wert/welche Funktion hat diese ZFA/MFA für Ihr Team, für Ihren Praxiserfolg?
- Was hätte es für Konsequenzen, sollten Sie sie verlieren?
- Gehalt ist kein Tabuthema, sondern Anlass für ein regelmäßiges/jährliches Gespräche. Ist das auch Ihre Haltung?

Oft hängt der Erfolg eines solchen Gesprächs auch davon ab, wer es initiiert! Lassen Sie sich diese Chance nicht nehmen.

7.6   Wie bereiten Sie sich auf ein solches Gespräch vor?

- Laden Sie konkret zum Jahresgespräch ein.
- Verabreden Sie sich.
- Klären Sie im Vorfeld, ob die MFA/ZFA besondere Wünsche an die Agenda hat, nur so lässt sich der Zeitrahmen realistisch schätzen.
- Legen Sie den Termin in eine störungsfreie Zeit des Tages!
- Legen Sie fest, was für Sie das Ziel des Gespräches sein soll!

Vergegenwärtigen Sie sich, was für dieses Jahr verabredet war, was Sie in Aussicht gestellt hatten, was wurde erreicht/umgesetzt? Was blieb offen und warum? Hier helfen das Protokoll des Vorjahres und Notizen zum bevorstehenden Gespräch.

Welche Leistungssteigerung erwarten Sie für die nächsten (12) Monate? (Denn nur über diese Steigerung wäre die Anpassung des Gehaltes gerechtfertigt.) Bleiben Sie dabei realistisch. Nichts ist frustrierender als eine nicht zu erreichende Zielmarke. Ein fernes Ziel lässt sich besser in Teilschritten erreichen, machen Sie deutlich, dass das Erreichen einer Etappe auch ein Erfolg sein wird, den Sie anerkennen können.

Und umgekehrt: Seien Sie selbstkritisch: Auf welche Forderungen, Einwände und Wünsche müssen Sie vorbereitet sein?

- Nehmen Sie sich vor, gut zuzuhören, aber auch Pausen im Gespräch auszuhalten.
- Beschränken Sie sich auf eigene Beobachtungen und Wahrnehmungen.
- Vermeiden Sie Vergleiche zu Kolleginnen, vermeiden Sie Mutmaßungen.
- Stellen Sie Fragen, um Sachverhalte zu klären.

7.7   Wie macht man es also anders/besser?

Kehren wir noch einmal zu Bettina zurück. Nachdem sie von Christina vertröstet wurde, ist es an ihr, Bettina anzusprechen. Darauf zu hoffen, sie lässt es auf sich beruhen und das Thema ist für dies Jahr vom Tisch, ist ein Trugschluss.

Sie fühlt sich zurückgewiesen und zweifelt an der Wertschätzung des Arbeitgebers. Ihre Unzufriedenheit überträgt sich auf ihre Arbeitsleistung, diese wird aus Frust schwächer/kleiner: Ihre Chefin bekommt also vom Tag des missglückten Gespräches an sogar weniger für ihr Geld als zuvor!

Dieser Schaden lässt sich nur durch Eigeninitiative zeitlich begrenzen. Suchen Sie das Gespräch. Klären Sie die Situation, erklären Sie ggf., warum es Ihnen nicht möglich ist, mehr zu zahlen. Wenn Ihre Mittel in der Tat begrenzt sind, hat jede Mitarbeiterin dafür Verständnis, wenn ihr bewusst ist, wie und woran sich der Erfolg des Unternehmens bemisst.

Wenn Sie an der Leistung von Bettina im Prinzip nichts auszusetzen haben, aber für die Zukunft mehr erwarten, machen Sie das auch deutlich. Leisten Sie sich keine Notfreundlichkeiten in Bezug auf eine Gehaltssteigerung. Werden Sie konkret in der Beschreibung Ihrer Erwartung.

Sprechen Sie nicht von Erhöhung, wenn es ums Gehalt geht, sondern von Anpassung oder Korrektur der Bezüge. Das lässt Ihnen alle Möglichkeiten offen.

Eine Gehaltsanpassung ist immer eine Investition in die Zukunft. Wie diese für Sie und die Mitarbeiterin aussehen soll, verabreden Sie miteinander in diesem jährlichen Gespräch.

Erkennen Sie die Situation der Mitarbeiterin, die um mehr Geld bittet, an. Wenn man sich in die Lage von Bettina versetzt, wird deutlich: Sie braucht mehr Geld. Und dies möchte sie nun einfordern. Bedenken Sie dabei aber auch, dass es einer Mitarbeiterin nicht leichtfällt, an den Chef heranzutreten und nach Geld zu fragen. In jedem Fall sollte die Mitarbeiterin ihr Gesicht wahren können.

Nehmen Sie sie in Ihrer Bedrängnis erst einmal ernst. Hören Sie den guten Argumenten Ihrer Angestellten zu, natürlich ist die Beschreibung des Bedarfes aus Sicht der Mitarbeiterin nicht so zu verstehen, dass Sie sich automatisch mit einer Anpassung des Gehaltes einverstanden zeigen. Aber so, wie sie ihre Arbeit und den Verdienst beschreibt, liefert sie auch eine Selbstbewertung ihrer eigenen Leistung. Diese Selbsteinschätzung ist wichtig für eine Einigung im Verlauf des Gespräches, erst recht, wenn Ihre Fremdeinschätzung davon abweicht. Ist die Forderung der Mitarbeiterin berechtigt oder „nur" aus einem persönlichen Bedarf entstanden? Stimmen Gehalt und Arbeitsinhalte wie Verantwortung noch überein oder muss eine Anpassung stattfinden? Natürlich können Sie dabei zu einer anderen Auffassung als die Mitarbeiterin kommen. Diese schlüssig und verständlich zu vertreten, macht den Erfolg des Gehaltsgespräches aus.

7.8   Die Guten gehen zuerst, die Schlechten bleiben

Wer qualifiziert, zielstrebig, patientenorientiert und eigeninitiativ ist, wird nicht lange suchen müssen, um einen Arbeitgeber zu finden, der bereit ist, das Leistungspotenzial einer Fachkraft zu erkennen und dies auch entsprechend zu honorieren.

Junge, gut ausgebildete, zukunftsorientierte zahnmedizinische Fachangestellte harren nicht lange an einem Arbeitsplatz aus, der wenig Chancen inhaltlicher wie finanzieller Natur bietet. Der Fachkräftemangel hilft ihnen, sich schnell neu zu orientieren. Nur leider sind dies auch die Kolleginnen, die der Motor in ihrem Team sein könnten. Der Verlust einer Mitarbeiterin mit tragender Rolle im Team setzt unter Umständen eine Welle in Gang und Sie verlieren nicht nur eine Kraft. Dem gilt es entgegenzusteuern.

- Was könnte helfen, um in Zukunft sicherer mit dem Thema „Gehaltsanspruch" umzugehen?
- Versuchen Sie folgende Fragen für sich in Bezug auf die einzelnen ZFA/MFA zu klären:

- Wer arbeitet für Sie? Seit wann? In welcher Funktion? Welche besonderen Kompetenzen/Befugnisse hat die Mitarbeiterin?
- Möchten Sie diese ZFA/MFA längerfristig an sich binden?
- Wo sehen Sie diese ZFA/MFA in 3 oder 5 Jahren?
- Was sollen die Schwerpunkte Ihrer Tätigkeit in 3 oder 5 Jahren sein und welche Assistenzen benötigen Sie dafür?
- Was könnten/müssten Sie tun, um dieses Ziel zu erreichen?
- Was ist dafür von der ZFA/MFA gefordert?
- Was würde Sie das ggf. kosten?
- Welches Ranking können Sie aufgrund der gewonnenen Antworten Ihrer ZFA/ MFAs vornehmen?

7.9 Auch die Gesamtkosten sind im Auge zu behalten

Wie lauten die Kennzahlen Ihrer Praxis zum Thema Personalkosten?

Ermitteln Sie Ihre Personalkostenquote: Summe aller Personalkosten/Summe aller Einnahmen:

Beispiel: Eine Einzelpraxis hat einen Umsatz vom 200.000 €, die Personalkosten betragen 60.000 €. Das heißt, die Personalkostenquote liegt bei ca. 30 %. Als ungefähre Faustformel gilt: Eine durchschnittliche Einzelpraxis mit einem Umsatz von unter 500.000 € sollte eine Personalkostenquote von ca. 25 % haben. (Hier sind strukturelle Unterschiede zu beachten.)

Wenn Sie eine Praxis übernommen haben und damit auch einen Teil des Personals, klären Sie die Faktoren, die beim Vorgänger eine Rolle gespielt haben, um Gehälter zu definieren. Sind das auch Ihre Kriterien? Hier müssen Sie früh eine Position beziehen, damit die Mitarbeiterinnen einen Anhaltspunkt haben.

Wurden in der Vergangenheit besonders hohe/übertarifliche Bezüge gezahlt? Wenn ja, an wen und warum? Wie wollen Sie in der Zukunft verfahren, wenn Sie am System des Vorgängers nicht festhalten wollen?

7.10 Wenn schon nicht mehr Geld, dann doch eine zusätzliche Anerkennung

Untersuchungen haben eindeutig gezeigt, dass eine Gehaltssteigerung nach wenigen Monaten als gegeben hingenommen wird, also keinen längerfristigen Leistungsanreiz oder Motivator darstellt.

Die Motivation Ihrer Mitarbeiterinnen erhalten Sie sich mit anderen Mitteln (s. Kap. 4 Lobgespräch). Aber wenn Sie eine zusätzliche Anerkennung, die im weitesten Sinne auch einen Geldwert darstellt, für angemessen halten, sind steuerfreie oder pauschal besteuerte Incentives eine gute Alternative zu einer Gehaltsanpassung. Beraten Sie sich mit Ihrem Steuerberater über die Vergabe von zweckgebundenen Gutscheinen (Einkauf/Tank etc.), solche Sachbezüge sind zum Beispiel bis zu einer Höhe von 44 € steuerfrei. Beteiligung an der Kostenübernahme von Kinderbetreuungsplätzen u. ä. sind auch möglich. Oftmals ist dieser Weg sogar für beide Parteien der bessere: Sie können Ihre Mehrausgabe steuerlich geltend machen und die Angestellte bekommt etwas in vollem Gegenwert des Gutscheins, während eine Gehaltssteigerung nach Abzug aller Pflichten deutlich niedriger ausfallen kann als der verabredete Bruttobetrag.

Noch entscheidender für die Mitarbeiterinnen Ihrer Praxis ist langfristig aber eine Beteiligung an der Altersvorsorge, wenn Sie an oben beschriebene Rechnung denken. Arbeitnehmer, die in der gesetzlichen Rentenversicherung pflichtversichert sind, haben Anspruch auf Umwandlung von Gehaltsteilen in eine betriebliche Altersvorsorge. Diese Entgeltumwandlung hilft, die Altersbezüge aufzustocken. Wenn in eine betriebliche Altersvorsorge eingezahlt werden kann (es gibt keine Verpflichtung des Arbeitgebers, sich daran finanziell zu beteiligen), empfiehlt sich die Anlage als sogenannte Gesundheits-Rente (vgl. Vereinbarung der AAA u. Verband medizinischer Fachberufe zur betrieblichen Altersversorgung).

Zu guter Letzt

Bettina und ihre Chefin sitzen nun zusammen, nachdem sie sie ganz offiziell zum Jahresgespräch einlud.

„Vielen Dank, dass Du Dir die Zeit nimmst und diesen Termin möglich gemacht hast." (wertschätzend) *„Ich habe mir nach unserem letzten Gespräch so meine Gedanken gemacht, wie Du ja sicherlich auch. Mir ist natürlich aufgefallen, dass Du enttäuscht warst nach unserem letzten Gespräch, aber ich möchte auch meine Überlegungen mit Dir teilen. Mir ist es wichtig, dass wir heute am Ende des Gesprächs eine gute Vereinbarung für die nächsten Monate treffen."* Dann kann Christina auch schildern, wie die finanzielle Situation der Praxis im zweiten Jahr der Niederlassung für sie aussieht und welche Möglichkeiten bestehen.

„Bevor wir gleich über Dein Gehalt sprechen, möchte ich Dich einladen, mit mir ein bisschen Rückschau auf das vergangene Jahr zu halten: Wie hast Du dies erlebt?"

Daraufhin kann Bettina eine Beschreibung der vergangenen 12 Monate ausführen, die Christina vielleicht völlig neue „Einsichten" verschafft, denn in ihrem Bericht lässt Bettina in Nebensätzen immer wieder einfließen, wie anstrengend und belastend das Jahr für sie persönlich auch war. Sie hat einen hohen Anspruch an ihre Arbeit, sie möchte es gut und darüber hinaus der Chefin recht machen, ihr Verantwortungsbewusstsein lässt nicht anderes zu.

Dafür Worte der Anerkennung zu finden, fällt Christina nicht schwer:

„Ich weiß, wie sehr Du Dich engagierst und auf alle Details achtest, Deinen erfahrenen Augen entgeht nichts. Das weiß ich sehr zu schätzen und das ist ein wertvolles Moment für meine Praxis."

Nun muss Christina konkreter werden, damit die Mitarbeiterin hören kann, was sie für das folgende Jahr erwartet. Mit der Beschreibung des Ist-Zustandes aus ihrer Sicht und Beobachtung macht sie für Bettina deutlich, wie sie neben ihrem Eifer und Einsatz die Arbeitsleistung bewertet. Denn neben der Einsatzbereitschaft zählen vor allem Vollständigkeit, Zuverlässigkeit und ggf. auch Geschwindigkeit der Aufgabenerfüllung.

Sieht Christina neue oder andere Aufgaben für das nächste Jahr für Bettina? Sind diese mit mehr Verantwortung verbunden, beinhalten sie besondere Befugnisse, bringt Bettina überhaupt alle Erfordernisse mit oder muss sie ggf. eine Fortbildung besuchen. Dies sind alles Fragen, die es im Gespräch zu klären gilt.

Wenn auch Bettina sich dieser neuen Herausforderung stellen mag, kann man über eine Anpassung der Bezüge sprechen.

Am Ende eines Gesprächs steht eine Vereinbarung. Das kann auch ein Kompromiss sein, in jedem Fall sollte es ein Signal sein.

Dies könnte bedeuten: Ich erwarte mehr von Dir, dann kannst Du auch mehr von mir erwarten.

Ich bin sehr zufrieden mit Dir und möchte Dich auch weiter zu meinem Team zählen. Für eine Veränderung der vertraglichen Vereinbarung sehe ich zurzeit keine Notwendigkeit.

Ich bin sehr zufrieden mit Dir, habe aber auch Zukunftspläne, in die ich Dich mit einbeziehen möchte. Dies bietet Dir eine Chance und mittelfristig eine sichere Perspektive.

Wenn Sie sich in diesem Sinne von Ihrer Mitarbeiterin aus dem Gespräch verabschieden können, haben beide gewonnen und darum geht es schließlich, wenn man auch weiter zusammenarbeiten möchte.

Literatur

Bundesärztekammer Bekanntmachungen. (2017). Gehaltstarifvertrag für medizinische Fachangestellte/Arzthelferinnen. *Deutsches Ärzteblatt, 114*(37), 1668–1669.

Geschäftsstelle Verband med. Fachberufe e. V. (2017). Vergütungstarifvertrag für Zahnmedizinische Fachangestellte/Zahnarzthelferinnen in Hamburg, Hessen, im Saarland, Landesteil Westfalen-Lippe, S. 4. Download Pressemitteilung am 28.07.2017 von. https://www.vmf-online.de/mfa/mfa-tarife.

Sattler, A. (2016). Die Nettozufriedenheit sinkt. *Personalmagazin, 11,* S.16–17. Download Interview mit Prof. Dirk Sliwka 10/2017. https://zeitschriften.haufe.de/ePaper/personalmagazin/2016/7076E5FA/files/assets/basic-html/page16.html

Bevor es „kracht" – Konfliktgespräche

8

Claudia Davidenko

Konflikte brauchen nicht zwingend einen Konsens, aber immer einen Dialog.

(Helmut Glaßl, Thüringer Aphoristiker)

© Tatjana Stefanowsky

© Springer Fachmedien Wiesbaden GmbH, ein Teil von Springer Nature 2019
S. F. Kock et al., *Wir müssen reden ...*,
https://doi.org/10.1007/978-3-658-22583-4_8

Kennen Sie das auch?

Da ist sie schon wieder. Diese komische Atmosphäre, wenn Christina den Aufenthaltsraum betritt. Alle schweigen sich an, sehen betroffen nach unten oder auf ihr Handy. Die Stimmung scheint mal wieder auf dem Nullpunkt zu sein. Soll sie jetzt wieder etwas sagen oder fragen? So wie vor ein paar Wochen schon einmal? Da wollte sie wissen, ob alles in Ordnung sei. „Ja", haben alle geantwortet. Mit dieser Aussage hatte sie sich dann zufriedengegeben. Gespürt hat sie jedoch genau das Gegenteil. Nur was soll sie dieses Mal fragen? Wieder das Gleiche? Dann bekommt sie wieder die gleiche Antwort. Also ist es doch viel einfacher, so wie bisher weiterzumachen und so zu tun, als wenn wirklich alles in Ordnung wäre. Zwar macht die Arbeit viel weniger Spaß, ihre Laune ist im Keller und wahrscheinlich wird sie jedes Wort ab sofort auf die Goldwaage legen. Aber immer noch besser so, als die vorhandene Stimmung weiter zu provozieren.

Warum nur traut sich Christina nicht, die Dinge klar anzusprechen? Sie weiß doch, dass es Differenzen im Team gibt. Sie nimmt an, dass es sich immer noch um das Thema „Instrumentenreinigung" handelt. Klara hatte ihre Kollegin Bettina schon einige Male gebeten, sie bei der Instrumentenreinigung zu unterstützen. Und zwar meistens am Donnerstag, wenn Hochbetrieb in der Praxis herrscht. Bettina hatte sie jedes Mal damit abgespeist, dass sie dafür nicht zuständig sei. Sie muss sich um die Abrechnung kümmern und dafür braucht sie nun einmal Ruhe und Zeit in ihrem Büro und will von niemandem gestört werden. Christina weiß, dass Klara an diesen Tagen dann oft länger bleiben muss, um alles nachzubereiten und die ganzen Instrumente zu reinigen, zu desinfizieren und zu sterilisieren. Und sie weiß auch, dass Klara jedes Mal unter der Situation enorm leidet, denn sie sagte einmal, dass es unkollegial sei. Bettina hält sich aus allem raus und geht pünktlich nach getaner Arbeit nach Hause. Was soll sie denn nur tun? Am liebsten wäre ihr, wenn sich alles von allein auflöst. Und Bettina doch einsichtig wäre und mehr Kollegialität zeigen würde. Doch leider tut es das nicht. Muss sie sich denn um so etwas nun auch noch kümmern?

Was war passiert?

So wie Christina scheuen sich viele Führungskräfte und Praxisinhaberinnen Konflikte im Team anzugehen. Auch hier liegt es oftmals daran, dass sie unsicher sind. Unsicher, wie sie ein solches Gespräch zu führen haben. Auch unsere Zahnärztin Christina tut sich schwer und denkt: Was soll ich denn nur tun? Am liebsten wäre mir, wenn sich alles von allein auflöst. Und Bettina doch einsichtig wäre und mehr Kollegialität zeigen würde. Doch leider tut es das nicht. Muss ich mich denn um so etwas nun auch noch kümmern? Gerade dann, wenn es eine Mitarbeiterin mit einer entsprechenden wichtigen Position, wie z. B. der Abrechnung in der Praxis, ist. Christina stellt sich seit längerem immer wieder die gleichen Fragen: Welcher ist der richtige Weg? Jede Einzelne befragen oder doch gleich das ganze Team? Bekomme ich das gewünschte Ergebnis? Wann soll ich das denn neben der Sprechstunde nun auch noch machen?

Tipp: Wenn Sie einen Konflikt in Ihrem Praxisteam haben, dann klären Sie das immer zusammen mit allen Beteiligten. Führen Sie keine Einzelgespräche. Denn dann bekommen Sie unterschiedliche Aussagen, welche Sie ggf. noch mehr verwirren. Alle gehen in die Offensive und sagen vor dem jeweils anderen, was los ist.

In vielen Fällen liegt es daran, dass ein sehr ausgeprägtes Harmoniebedürfnis bei gleichzeitig fehlender Konfliktfähigkeit vorhanden ist. Somit erschwert sich die Klärung eines Konfliktes.

Oft passiert es, dass jeder bislang gescheiterte Gesprächsversuch noch mehr abschreckt und wie bei Christina auch, wird nichts mehr unternommen. Einfach in der Hoffnung, es klärt sich von allein.

8.1 Konflikte schlummern überall

Konflikte entstehen am häufigsten, wenn die Arbeitsorganisation in der Praxis nicht geklärt ist. Das kann bereits aufgrund fehlender Stellenprofile/Stellenbeschreibungen sein. Die Mitarbeiterinnen haben unterschiedliche Meinungen, wer für welchen Aufgabenbereich die Verantwortung trägt und zuständig ist. Dadurch bleiben Aufgaben liegen, werden gar nicht oder ohne besondere Sorgfalt erledigt. Niemand fühlt sich tatsächlich dafür zuständig und erst recht nicht verantwortlich. Aufgrund fehlender Stellenprofile gibt es auch keine konkrete Benennung der „Rolle", die die Mitarbeiterin in der Praxis ausführt.

Oftmals gibt es unterschiedliche Auffassungen von der jeweiligen Rolle, die eine Mitarbeiterin im Team hat. Dies passiert, wenn eine Mitarbeiterin eine spezielle Fortbildung bzw. zusätzliche Qualifikation erworben hat. Und nun der Meinung ist, durch mehr Wissen automatisch auch in eine andere Rolle zu schlüpfen und somit über den anderen Kolleginnen zu stehen. Das spiegelt sich in den meisten Fällen an der Art und Weise wider, wie diese Mitarbeiterin nun mit ihren Kolleginnen umgeht.

Im Falle von Klara und Bettina ist es genauso passiert. Bettina fühlt sich aufgrund ihrer Position und dem zugewiesenen Aufgabenbereich nicht für die Instrumente zuständig.

Das wiederum hat Auswirkungen auf das Verhalten jeder einzelnen Mitarbeiterin. Denn jede wird anders darauf reagieren. Es kann eine Gruppendynamik entstehen, die wiederum die Zusammenarbeit im Team beeinflusst. Einfluss bekommt das Ganze dann noch durch die eigenen Werte, die jede einzelne Mitarbeiterin in sich trägt. Diese sind unterschiedlich. Somit kann sich der Konflikt vertiefen und auf die persönliche Ebene übergehen. Dann geht es im Endeffekt nicht mehr um die „Sache", sondern um die „Beziehung" zwischen diesen Personen.

8.2   Konfliktentstehung

8.2.1   Wodurch entstehen Konflikte?

Definition: „Ein Konflikt (lat.: confligere = aneinandergeraten, zusammenstoßen) ist die Folge von wahrgenommenen Differenzen, die gegenseitig im Widerspruch stehen und eine Lösung erfordern."

Immer da, wo Menschen zusammentreffen, zusammenarbeiten, gemeinsame Projekte haben, können mehr oder weniger starke Auseinandersetzungen entstehen. Jede einzelne Beteiligte hat unterschiedliche Vorstellungen, die sie einbringen will. Daraus resultieren dann Einfluss, Anerkennung und welche Position/Rolle im Team eingenommen wird. Gerade in Praxisteams, die sehr leistungsorientiert sind, können schneller Differenzen zwischen zwei oder mehr Mitarbeiterinnen entstehen.

Die möglichen Ursachen eines Konflikts können sehr unterschiedlich sein. Der Konfliktforscher Friedrich Glasl hält folgende Aspekte für notwendig, damit von einem Konflikt gesprochen werden kann:

- Jedes Teammitglied hat unterschiedliche Informationen zu einem Thema bekommen. Die Folge: Es kommt zu Unterschieden und Missstimmungen durch entgegengesetzte oder unvereinbare Interessen der Mitarbeiterinnen.
- Auch wenn jedes Teammitglied die gleichen Informationen besitzt, beurteilen und bewerten sie diese jedoch unterschiedlich. Denn jede Mitarbeiterin hat eine andere Wahrnehmung. Dadurch kommt es, dass der eigene Standpunkt vertreten wird.
- In vielen Fällen kommt es nach einer gewissen Zeit zu einer emotionalen Belastung. Denn jede Mitarbeiterin fühlt sich beim Verfolgen von Absichten, Zielen und Aktivitäten durch die jeweils andere behindert.

- Eine Lösung scheint in vielen Fällen nur dann möglich zu sein, wenn eine Mitarbeiterin nachgibt. Oder wenn die andere sich ändert und einsichtig ist.
- Die betroffenen Mitarbeiterinnen wollen etwas erringen, um sich noch stärker im Recht zu fühlen.

8.2.2 Gefahren ungeklärter Konfliktsituationen

Haben Sie einen Konflikt in Ihrem Team bzw. besteht ein Konflikt zwischen zwei Mitarbeiterinnen in Ihrem Team, dann gehen Sie diesen Konflikt an. Wird ein Konflikt nicht bearbeitet, dann kann das in Ihrer Praxis schwerwiegende Folgen haben:

- Sie bekommen ineffiziente Arbeitsprozesse im Praxisalltag, da niemand mehr seine Aufgaben entsprechend erfüllen will oder kann.
- Jede Mitarbeiterin sieht sich einer erhöhten Stressbelastung ausgesetzt.
- Es entstehen höhere Fehlzeiten durch Krankheit, da die Mitarbeiterin nicht mehr arbeitsfähig ist.
- In vielen Fällen kommt es zu einer „Grüppchenbildung" und somit zur Spaltung ihres Teams.
- Das reicht hin bis zu einer hohen Mitarbeiterfluktuation und somit zu höheren Kosten durch ständig neue Mitarbeitersuche und deren Einarbeitung.
- Und das wiederum hat negative Auswirkungen gegenüber ihren Patienten, denn die negative Stimmung im Team und der Praxis überträgt sich automatisch.

8.2.3 Wann Sie in den Konflikt einschreiten, damit er nicht eskaliert

Friedrich Glasl beschreibt insgesamt neun Stufen, wie Konflikte entstehen und anhand derer Sie erkennen können, in welcher Stufe sich der Konflikt in Ihrem Team befindet. Grundsätzlich lassen sich diese Konfliktstufen auf jede Art von Konflikt anwenden. Egal ob persönlich, beruflich oder politisch bedingt. Die Eskalationsstufen unterstreichen die grundsätzlich negative Dynamik von Konfliktverläufen. Je tiefer die Eskalationsstufe, desto schwieriger wird es für Sie, den Konflikt noch klären zu können. Ein Konflikt beginnt immer mit der Verhärtung der jeweiligen Standpunkte und es kann im schlimmsten Fall bis zur totalen Vernichtung beider Gegner bzw. aller Betroffenen kommen (Abb. 8.1).

Phasenmodell der Konflikteskalation nach Friedrich Glasl

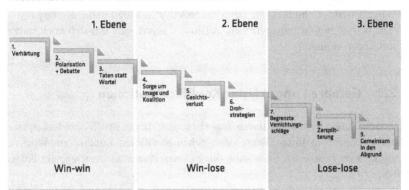

Abb. 8.1 Die neun Stufen der Konflikteskalation nach Friedrich Glasl. (Quelle: Phasenmodell nach Friedrich Glasl – Wikipedia)

8.3   Die neun Stufen der Konflikteskalation

8.3.1   Die erste Ebene: Der Konflikt lässt sich noch gut klären (Win-win-Situation)

Stufe 1 – Die Verhärtung

Sie erkennen einen Konflikt daran, dass er mit Spannungen, z. B. durch gelegentliches Aufeinanderprallen von Meinungen auffällig wird. In den meisten Fällen werden diese alltäglichen Auseinandersetzungen zwischen den Mitarbeiterinnen noch nicht unbedingt als Beginn eines Konflikts wahrgenommen. Jede beharrt auf ihrer Meinung, den eigenen Standpunkt und will davon auch nicht abgehen. Werden die Meinungen und Äußerungen jedoch schärfer, der Tonfall rauer, dann ist es ein erstes Anzeichen für einen Konflikt. Gerade dann, wenn Schuldzuweisungen zunehmen und die Standpunkte sich verhärten, ist es hier der passende Zeitpunkt für Sie als Führungskraft einzuschreiten. In den meisten Fällen hat der Konflikt tiefere Ursachen. Mindestens eine Mitarbeiterin ärgert sich, spricht jedoch nicht unbedingt (mit Ihnen) darüber. In vielen Fällen traut sich diese Mitarbeiterin einem nahestehenden Kollegen an. Sie merken das meistens erst daran, dass sich Teambesprechungen schwieriger gestalten lassen und die Teamarbeit nicht mehr so gut flutscht.

Im Beispiel von Christina besteht zwischen Klara und Bettina bereits eine verhärtete Zusammenarbeit. Klara hatte versucht, das Thema anzusprechen und um eine Lösung/Unterstützung gebeten. Diese wurde nicht beachtet. Somit ist es dazu gekommen, dass sie sich zurückzieht und die Aufgaben stillschweigend erledigt. Sie zieht sich mehr zurück und sagt nichts mehr dazu, denn Sie hat gemerkt, dass es nichts bringt.

Damit die Zusammenarbeit zwischen Bettina und Klara wieder besser funktioniert, ist es die Aufgabe von Christina, einzuschreiten. Denn jetzt ist die beste Gelegenheit, dass sie schnell zu einer guten Klärung und Lösung kommt. Wartet sie weiter, wird sich der Konflikt in die zweite Stufe übertragen.

Stufe 2 – Die Debatte

Sind Sie bisher nicht eingeschritten, kommt es dazu, dass sich die betroffenen Mitarbeiterinnen Strategien überlegen, um die andere von ihren Argumenten zu überzeugen. Die vorhandenen Meinungsverschiedenheiten führen zum Streit. Eine will die andere unter Druck setzen. Oftmals entsteht hier ein Schwarz-Weiß-Denken. Es kommt zu einer Polarisierung und das bisher so stille Herunterschlucken des Ärgers funktioniert nicht mehr. Die nun geführten Diskussionen sind emotional und Zynismus greift um sich. Außenstehende Mitarbeiterinnen wollen schlichten und es kommt vorerst zu „Scheinlösungen". Allerdings wirkt das unorganisiert bzw. es gibt keine wirklichen Aussprachen. Als Sieger fühlen sich die Mitarbeiterinnen, die sich am besten in der Gruppe hervortun. Ihrem Team droht nun die Spaltung, wenn Sie bislang noch nicht eingeschritten sind.

Stufe 3 – Taten statt Worte

Die beiden Mitarbeiterinnen, die nun zu Konfliktpartnern geworden sind, erhöhen den Druck auf die jeweils andere, um sich oder die eigene Meinung durchzusetzen. Gespräche werden abgebrochen. Es findet keine verbale Kommunikation mehr statt und der Konflikt verschärft sich schneller. Das Mitgefühl für die „andere" geht verloren. Die Verliererin schmollt und macht ihrer Gegnerin die Arbeit durch Handlungen und das „Schaffen von Fakten" schwer. Teamsitzungen verlaufen unbefriedigend, weil sich die Haltung breitmacht: „Reden bringt nichts mehr!" Ihre Mitarbeiterinnen arbeiten nicht mehr miteinander, sondern gegeneinander. Sie setzen sich gegenseitig unter Druck („Ich erwarte, dass...") und es erfolgt in Ihrem Praxisteam nur noch Dienst nach Vorschrift.

Spätestens in dieser Stufe haben Sie einzuschreiten, wenn Sie als Führungskraft den Konflikt selbst noch klären wollen. Sie übernehmen die Moderation zwischen den Konfliktparteien. Es ist wichtig, dass die jeweiligen Argumente und

Standpunkte der Mitarbeiterinnen offengelegt werden, um eine gegenseitiges Verständnis zu fördern. Besprechen Sie hier die Regeln des Miteinanders und entwickeln Sie Vereinbarungen und Maßnahmen zur weiteren Zusammenarbeit. In Stufe 1 funktioniert das noch problemlos, da sich beide Mitarbeiterinnen noch auf dem Terrain der inhaltlichen Auseinandersetzung befinden. Sie treten für ihre Interessen ein, ab Stufe 2 dann allerdings auch schon für ihre Positionen. Wollen Sie den Konflikt in Stufe 3 erst angehen, dann kann es durchaus sein, dass Ihre Moderation nur noch bedingt greift. Denn die Mitarbeiterinnen sind in der Zwischenzeit davon überzeugt, dass Reden nichts mehr nützt. Hier macht es Sinn, wenn Sie sich schon einen externen Konflikthelfer oder Mediator dazunehmen.

8.3.2 Die zweite Ebene: Den Konflikt können Sie nur noch von außen klären lassen (Win-lose-Situation)

Stufe 4 – Die Koalitionen

Hat sich der Konflikt zwischen beiden Mitarbeiterinnen verschärft und Sie als Führungskraft haben bisher noch nichts unternommen, suchen sich beide Mitarbeiterinnenkonfliktpartner Sympathisantinnen für die eigene Sache. Jede der beiden glaubt, im Recht zu sein. In dieser Stufe geht es nicht mehr um die Sache, sondern darum, den Konflikt zu gewinnen. Jede Mitarbeiterin sucht sich nun Verbündete und vertraute Personen im Team. Die betroffenen Mitarbeiterinnen beklagen sich bei Außenstehenden und ziehen Dritte, die mit der Sache nichts zu tun haben, in die Sache hinein. Es entstehen Feindbilder. Es geht nur noch darum, als Gewinner hervorzugehen und dass die andere verliert. In dieser Stufe wird geraten, dass Sie sich Unterstützung von außen holen, da hier nun die Teamspaltung droht. Gehen Sie den Konflikt unbedingt an, da spätestens in diesem Bereich auch Ihre Patienten merken, dass mit dem Praxisteam etwas nicht stimmt.

Stufe 5 – Der Gesichtsverlust

Ist der Konflikt nun so weit vorangeschritten, geht es nur noch darum, dass eine Mitarbeiterin die andere in ihrer Identität „vernichten" will. Das merken Sie daran, dass eine der anderen etwas unterstellen will. Es gibt kein Vertrauen mehr – auch nicht zu Ihnen als Führungskraft! Keine glaubt mehr jemandem. Sei es, Sie als Führungskraft oder die Mitarbeiterinnen untereinander – auch die, die überhaupt nicht involviert sind. Es gibt keine Tabus mehr. Hier geht es vorrangig darum, das beide Mitarbeiterinnen ständig nach Beweisen suchen, um die Gegenseite anzugreifen. In diesem Bereich können Sie den Konflikt nur noch mit einem externen Mediator oder Konflikthelfer bewältigen. Denn Sie selbst bekommen keinen

Zugang mehr zu einer der beiden Parteien bzw. Mitarbeiterinnen. Das Misstrauen und die Enttäuschung – auch zu Ihnen, durch unterlassene „Hilfeleistung" – sind zu groß geworden.

Stufe 6 – Die Drohstrategien
Ist bislang immer noch nichts passiert, kommt es nun dazu, dass Drohungen ausgesprochen werden. Die jeweiligen Mitarbeiterinnen versuchen, die Situation zu kontrollieren und zu beherrschen. Es geht nun um die absolute Macht. Beide Mitarbeiterinnen drohen gegenseitig mit Sanktionen, um die eigene Machtposition zu demonstrieren. Zugleich soll es ein vergeblicher Versuch sein, die zunehmende Eskalationsdynamik unter Kontrolle zu bekommen. Viele Führungskräfte greifen an der Stelle zu einer Abmahnung oder drohen mit Kündigung. Das kann ein falscher Weg sein, da Sie häufig wertvolle Mitarbeiterinnen verlieren. Oder eine der beiden Mitarbeiterinnen kündigt von sich aus. In den meisten Fällen jedoch auch hier die falsche. Diese Mitarbeiterin handelt frei nach dem Motto: „Die Klügere gibt nach." Es kann auch durchaus passieren, dass andere Mitarbeiterinnen, die nicht in den Konflikt involviert sind, kündigen. Denn sie halten die Situation, die Atmosphäre und die Unfähigkeit der Führungskraft nicht mehr aus.

In dieser Ebene, spätestens ab Stufe 4, lässt sich der Konflikt nicht mehr einvernehmlich lösen. Es geht hier nicht mehr um Sachthemen, sondern der Konflikt hat sich schon lange und komplett auf die Beziehungsebene verlagert. Was mit einem Thema, einer Sache begann, ist jetzt irrelevant. Fangen Sie in dieser Stufe erst an, den Konflikt zu klären, dann rechnen Sie damit, dass trotz Klärung eine Mitarbeiterin die Praxis verlassen wird. Wichtig ist es dann nur noch, einen „sauberen" Abschluss zu schaffen.

8.3.3 Die dritte Ebene: Es gibt nur noch Verlierer (Lose-lose-Situation)

Stufe 7 – Die begrenzte Vernichtung
Hier soll der Kollegin mit allen Tricks nur noch geschadet werden. Die „Gegnerin" wird nicht mehr als Mensch wahrgenommen, sondern nur noch bloßgestellt. Ab hier wird ein begrenzter eigener Schaden schon als Gewinn angesehen, wenn der der Gegnerin größer ist. Frei nach dem Motto: „Dich mach ich fertig!" Das kann sich dadurch bemerkbar machen, indem Unterlagen verschwinden, vertrauliche Informationen weitergegeben werden oder wichtige Daten gelöscht. Es zählt nur noch eins: der Gegenseite den größeren Schaden zuzufügen.

Stufe 8 – Zersplitterung
Die Gegnerin soll mit Vernichtungsaktionen zerstört werden. Die Kontrahentin soll vernichtet werden, wobei jedes Mittel zur Erreichung dieses Ziels legitim erscheint.

Stufe 9 – Gemeinsam in den Abgrund
Ab hier wird die eigene Vernichtung mit einkalkuliert, um die Gegnerin zu besiegen.

Sobald sich Ihr Konflikt in der Praxis auf Stufe 7 befindet, werden Sie keine Einigung mehr erreichen. In den Stufen 8 und 9 können Sie letztlich nur noch autoritär eingreifen. „Es gibt keinen Weg mehr zurück!"

In der Praxis ist die dritte Ebene nur selten vorzufinden. Denn wenn in Ebene zwei keine Klärung stattfindet, wird eine der beiden Mitarbeiterinnen von sich aus kündigen. Denn die Last und der Druck werden so groß, dass körperliche Merkmale wie Magenschmerzen, Kopfweh, Hautprobleme o. ä. zum Vorschein kommen. Mitarbeiterinnen ziehen dann die „Reißleine".

Schreiten Sie als Führungskraft rechtzeitig ein. Denn Sie sind dafür zuständig, Konflikte zu erkennen und zu klären. Ansonsten besteht die Gefahr, dass Sie wertvolle Mitarbeiterinnen verlieren!

8.4   Ihre Aufgabe als Führungskraft: Analysieren und klären Sie den Konflikt

Damit Sie sicher und ein erfolgreiches Gespräch führen können, ist es wichtig, dass Sie strukturiert vorgehen.

Machen Sie sich als Erstes ein Bild über die Angelegenheit und informieren Sie sich. Diese Informationen bekommen Sie von allen Beteiligten. Auch von den Teammitgliedern, die eventuell nur am Rande beteiligt sind. Erst wenn Sie genau wissen, was passiert ist, sind Sie in der Lage, mit den betroffenen Mitarbeiterinnen zu verhandeln und gemeinsam eine Lösung für die zukünftige Zusammenarbeit zu finden.

8.4.1   Die Gesprächsvorbereitung

Zur Klärung des Konfliktes werden Informationen benötigt. In unserem Fall hat sich Christina zu informieren, um

- sich selbst einen Überblick zu verschaffen
- alle wichtigen Punkte zusammengetragen zu haben
- während des Klärungsgespräches auf die gesammelten Informationen zurückgreifen zu können und
- sich über mögliche Konsequenzen bereits Gedanken machen zu können

Damit Christina sich gut vorbereiten kann, soll sie sich Notizen machen, um einen Überblick zu bekommen, was denn überhaupt los ist. Und sie hat auch eine Entscheidung zu treffen, welche Konsequenzen es haben soll, wenn der Konflikt unlösbar ist.

Checkliste – Vorbereitung Konfliktklärung

Beteiligte:
Wer ist direkt beteiligt?
Wer ist indirekt beteiligt?
Handelt es sich um einzelne Personen oder Gruppen?

Thema:
Worum geht es?
Was genau ist passiert?
Was haben Sie wahrgenommen, gesehen, beobachtet, gehört?
Was steckt gegebenenfalls dahinter?

Ziele und Interessen:
Welche Ziele und Interessen werden verfolgt?
Was wollen die Beteiligten erreichen?
Was wollen Sie als Führungskraft erreichen?

Gefühle:
Welche Befürchtungen und Ängste scheint es zu geben?
Welche Gefühle haben die Beteiligten, insbesondere der betroffene Mitarbeiter?
Wie sieht es bei der anderen Konfliktpartei aus?
Wie stehen (alle oder beide) zueinander? Wie war es vorher?

Äußerungen:
Wie reagieren die Mitarbeiter (Konfliktparteien) aufeinander?
Was wurde bereits laut geäußert, gesagt, angedroht?

Rahmenbedingungen:
Welche Rahmenbedingungen in der Praxis verschärfen den Konflikt?
Was kann getan werden, um ihn zu entschärfen?
Welche Regeln, Normen oder Gesetze können Sie erlassen, was Abhilfe schaffen kann?

Folgen:
Was passiert, wenn nichts passiert?
Wie viel Zeit geben Sie für die Umsetzung?

▶ **Tipps**

- Handelt es sich wirklich um einen Konflikt, überstürzen Sie nichts!
- Bereiten Sie sich immer und gut auf ein Gespräch vor!
- Machen Sie sich Notizen und bestimmen Sie den Termin!
- Führen Sie das Konfliktgespräch zeitnah!

8.4.2 Diese Voraussetzungen brauchen Sie als Moderatorin

Wenn Sie das Konfliktgespräch führen und eine gute, neutrale Moderatorin sein wollen, dann achten Sie darauf, dass Sie als Führungskraft allparteilich sind. Denn Ihre Hauptaufgabe ist es, jeden der Gesprächsbeteiligten beim Verstehen des anderen zu unterstützen.

Beachten Sie dabei folgende Aspekte:

- Sie selbst können den Konflikt nur klären, wenn Sie gleichzeitig Außenstehender sind.
- Für eine gute und erfolgreiche Moderation ist es enorm wichtig, dass Sie eine objektive Betrachtungsweise haben.
- Sobald eine Ihrer Mitarbeiterin erkennt, dass Sie „Partei" für die „andere" übernehmen, war es das mit dem Gespräch. Eine Klärung ist dann aussichtslos.

8.4.3 Sie als Moderatorin haben folgende Aufgaben

- Fassen Sie die gemachten Aussagen zusammen. Ziehen Sie Fakten heraus und trennen Sie diese von der Person. Es geht zwar grundsätzlich um die Sache, das Thema. Jedoch ist dieses in den Hintergrund gerückt. Die Beziehungsebene ist zuerst zu klären.
- Ordnen Sie Aussagen entsprechend zu. Achten Sie darauf, ob die genannten Punkte wirklich zum Konflikt gehören oder ob hier einfach alles in die Waagschale geworfen wird.
- Weisen Sie stets auf Ungereimtheiten hin. Denn gerade durch Emotionen werden einzelne Aspekte schnell einmal verwechselt. Nur so können Sie das Gespräch weg von den Emotionen hin zur sachlichen Ebene bringen.

- Achten Sie auf Körpersignale und helfen Sie Dinge auszudrücken. Tränen der Wut, Enttäuschung und Trauer sind erlaubt und dürfen ihren Platz haben. Sorgen Sie deshalb im Vorfeld immer dafür, dass Taschentücher in greifbarer Nähe liegen.

8.4.4   Diese Punkte sind das A und O für Ihre Gesprächsvorbereitung

Wenn Sie ein erfolgreiches Gespräch führen wollen, dann bereiten Sie sich unbedingt inhaltlich darauf vor. Achten Sie zudem auf die Rahmenbedingungen. Denn diese sind entscheidend dafür, wie sich das Gespräch entwickelt und ausgehen wird.

Bitte beachten Sie, dass solch ein Gespräch kein Kaffeekränzchen ist. Sie führen ein ernsthaftes Gespräch. Das soll auch an der Gestaltung und Durchführung erkennbar sein. Sorgen Sie dafür, dass für jeden ein Glas Wasser vorhanden ist. Den Kaffee können Sie in der Pause trinken. Das Gleiche gilt natürlich auch für Gebäck, Kuchen usw.

Checkliste – Vorbereitungsmaßnahmen beim Konfliktgespräch
Bestimmen Sie den idealen Zeitpunkt (Datum und Zeit)
Führen Sie das Gespräch zu einer Zeit, wo Sie Ruhe haben, aber zeitnah. Nach der Sprechstunde ist in vielen Fällen ein guter Zeitpunkt, da anschließend alle nach Hause gehen können und das Gespräch gut nachwirken kann.

Vermeiden Sie Störfaktoren wie das Telefon oder Störungen durch andere Mitarbeiterinnen. Führen Sie das Gespräch nach der Sprechstunde, sorgen Sie dafür, dass niemand weiter in der Praxis ist (auch nicht die Reinigungskraft) und schalten Sie den Anrufbeantworter ein.

Sorgen Sie für absolute Ruhe.

Wählen Sie die Räumlichkeiten und Bestuhlung
Wählen Sie einen Raum, wo Sie ungestört sprechen können. In vielen Fällen macht sich das Wartezimmer als neutraler Ort ganz gut.

Stellen Sie gleiche Stühle auf (sternförmig oder im Kreis). Setzen Sie sich auch auf einen solchen Stuhl. Ihr „Chefsessel" ist für diesen Moment unpassend.

Sprechen Sie die „Einladung" aus
Informieren Sie alle Beteiligten über den Tag, die Uhrzeit und den Ort.
Erwünschen Sie sich Pünktlichkeit und achten Sie darauf, dass Sie als Führungskraft als Erste vor Ort sind.

Machen Sie sich Notizen
Bereiten Sie sich so gut wie möglich vor. Machen Sie sich vorab Notizen von dem, was Ihnen zu Ohren gekommen ist und was Sie selbst wahrgenommen haben.
Schreiben Sie für sich ganz genau auf, was Ihr Ziel des Gespräches ist und was Sie zukünftig erreichen wollen.
Legen Sie sich und auch den Mitarbeiterinnen etwas zum Schreiben bereit.

8.5   So führen Sie ein Konfliktgespräch

Ein erfolgreiches Konfliktgespräch erstreckt sich immer über 5 Phasen.

1. Phase: Sie eröffnen das Gespräch
Kommen Sie gleich zur Sache, ohne Small Talk! Allerdings auch ohne Vorwürfe und Angriffe. Schildern Sie sachlich, worum es geht und wie Sie die Situation sehen. Bei Christina kann der Einstieg in das Gespräch mit Klara und Bettina wie folgt aussehen:

Vielen Dank, dass Ihr pünktlich zu unserer Gesprächsrunde gekommen seid. Der Anlass ist weniger erfreulich, deshalb will ich auch gleich anfangen. Es geht um den Fakt, dass es zu bestimmten Zeiten für Klara schwierig erscheint, die Instrumentenreinigung durchzuführen. Sie benötigt Unterstützung an einem Tag in der Woche. Diese Unterstützung hat sie sich von Dir, Bettina, erhofft. Du fühlst Dich für die Instrumentenreinigung nicht zuständig, da Du ja mit der Abrechnung beschäftigt bist.

Jedoch hat dieses Thema Auswirkungen auf das gesamte Team und unsere gemeinsame Zusammenarbeit. Mein Eindruck ist, dass die Stimmung sich dadurch verschlechtert hat und ihr beide kaum noch miteinander sprecht. Das ist nicht meine Vorstellung von Teamarbeit. Aus diesem Grund brauchen wir eine Lösung. Um die zu erreichen, brauche ich zunächst erst einmal Klarheit, worum es ursprünglich geht.

Halten Sie diese Phase relativ kurz. Sagen Sie dann etwas zur Vorgehensweise und benennen Sie die Gesprächsregeln:

- *„Es redet immer nur eine Mitarbeiterin, die andere hört zu!"*
- *„Wer das Gefühl hat, den Raum verlassen zu müssen, kann das gern tun. Jedoch spätestens nach 5 min erwarte ich, dass Sie wieder da sind. Alle anderen haben in der Zeit Pause."*
- *„Handys werden ausgeschaltet!"* (Tipp: Achten Sie darauf, dass keine Aufnahmen vom Gespräch gemacht werden. Am besten ist, wenn das Handy erst gar nicht mit in den Raum kommt.)

Anschließend geht es gleich weiter mit der Selbstklärungsphase.

2. Phase: Die Gesprächspartner-Konfliktparteien schildern aus ihrer Sicht die Situation

Das Wichtigste für Sie im Klärungsgespräch: Sie müssen verstehen, worum es geht! In vielen Fällen treten unverhofft noch weitere Themen ans Tageslicht. Arbeiten Sie hier die konkreten Konfliktpunkte heraus. Geben Sie Klara und Bettina nacheinander die Gelegenheit, ihre Sichtweise in Ruhe darzustellen. Lassen Sie Klara zuerst reden. Denn Klara ist in unserem Fall die vorrangig Betroffene und ist vor einigen Monaten schon mit dem Anliegen zu Christina gekommen. Bettina ist aufzufordern, nur zuzuhören. Sie kann sich gern Notizen machen, jedoch darf sie nicht dazwischenreden und Klara unterbrechen. Christina hat am Ende das Gesagte zusammenzufassen, welches Anliegen Klara hat. Dabei trennt sie Fakten und Gefühle. Grundsätzlich gilt: Handelt es sich um einen Sachkonflikt, dann reden Sie über die Sache. Handelt es sich um einen persönlichen oder Beziehungskonflikt, wie es zwischen Klara und Bettina der Fall ist, stehen die Gefühle der beiden im Vordergrund. Fassen Sie am Ende zusammen. Lassen Sie sich bei Missverständnissen korrigieren.

In unserem Beispiel beginnt Christina mit Klara. Sie soll erklären, was passiert ist. Christina kann wie folgt einsteigen:

„Klara, bitte schildere aus Deiner Sicht einmal, worum es geht."

Machen Sie sich als Führungskraft ruhig ein paar Notizen in Form von Stichpunkten. Trennen Sie die Fakten (um was geht es) von den Gefühlen (wie geht es ihr damit). Fragen Sie ruhig nach, wenn Sie etwas nicht verstanden haben oder Sie noch mehr Informationen benötigen. Achten Sie dabei darauf, dass Sie möglichst nur offene Fragen stellen. Das können z. B. folgende sein:

- *„Was genau ist bei Dir angekommen?"*
- *„Wie ging es Dir damit, als …?"*
- *„Was hast Du dann gemacht?"*

- *„Was ich noch nicht verstanden habe ist,... bitte erkläre mir noch einmal ..."*
- *„Wie geht es Dir jetzt/heute?"*
- *„Was wünschst Du Dir?"*

Haben Sie alle Informationen bekommen, lassen Sie die andere Konfliktpartei reden. In unserem Fall kann Christina den Übergang wie folgt schaffen:
„Bettina, wie siehst Du denn die Situation?"
Christina und Klara haben Bettina ebenfalls aussprechen zu lassen. Denn auch sie braucht die Zeit, die es benötigt, um alle Punkte auf den Tisch zu bringen. Christina hat auch hier konkret und gezielt mit offenen Fragen nachzufragen. Denn es ist wichtig, dass sie beide Sichtweisen – sowohl jene von Klara als auch von Bettina – bekommt.

Achten Sie als Moderatorin darauf, was die Konfliktparteien konkret sagen und um was es geht:

- Welche Störungen werden wahrgenommen?
- Welche Verhaltensweisen stören konkret?
- Was ist der persönliche Eindruck?
- Welche Gefühle hat der- oder diejenige?

Im Gespräch sind meistens starke Emotionen vertreten. Das kann es manchmal schwierig machen, die passenden Wörter zu finden oder Dinge klar zu beschreiben. Versuchen Sie, die Konfliktparteien dazu zu bewegen, alle Aussagen als Ich-Botschaften zu formulieren:

- *„Ich habe gesehen ..."*
- *„Mein Eindruck ist ..."*
- *„Ich empfinde dies als ..."*

Fragen Sie unbedingt nach, wenn Sie noch mehr Informationen benötigen. Oder wenn Sie merken, die Mitarbeiterinnen verschweigen noch etwas. Sie dürfen so viel fragen, wie Sie als notwendig empfinden. Denn Sie machen sich ein Bild, was genau passiert ist, um das Gespräch zu führen, um dann eine gute Lösung zu erarbeiten. Zudem erreichen Sie, dass durch Ihre Fragen beide Gesprächspartner die jeweilige Sichtweise der anderen erkennen.

Wählen Sie dafür stets offene Fragen. Christina kann in dem Gespräch z. B. folgende Fragen stellen:

„Was genau ist passiert, als Du Bettina gefragt hast, ob sie Dir helfen kann?"
Sie bekommt dann Informationen, welche sie für die weitere Gesprächsführung
nutzen kann. Und sie hat die Möglichkeit, weiter und konkreter nachzufragen.
Das kann sie z. B. wie folgt: „Was konkret meinst Du damit, Bettina hat Dich
abblitzen lassen?"

Verzichten Sie dabei auf die Fragewörter „Warum" und „Wieso". Denn Fragen, die so beginnen, können als Vorwurf gedeutet werden.

3. Phase: Bringen Sie die Gesprächspartner in den Dialog

Das Thema oder die Themen aus der Phase der Selbstklärung werden nun von
den Betroffenen besprochen und vertieft. Hierfür brauchen Sie einen nahtlosen
Übergang.

1. Möglichkeit: Es gibt nur ein Konfliktthema – wie „keine Unterstützung bei der
   Instrumentenreinigung". Bei Christina kam heraus, dass Bettina helfen wollte.
   Deshalb fragt sie an der Stelle nach, um auch gleichzeitig in den Dialog zwi-
   schen beiden einzusteigen:
   „Klara, wie geht es Dir damit, wenn Bettina sagt, sie wollte Dir ja helfen.
   Jedoch zu einem anderen Zeitpunkt, da sie donnerstags wegen ihres Sohnes
   immer pünktlich los muss?"

2. Möglichkeit: Es gibt mehrere Themen – zur Instrumentenreinigung kommen
   noch weitere Streitpunkte auf den Tisch
   Kommen mehrere Themen zum Vorschein, dann wählen Sie das Thema. Setzen Sie Ihre Prioritäten wie folgt:

- Beginnen Sie mit dem „akuten" Thema, obwohl vielleicht das „chronische"
  Thema der Grund des Gespräches ist.
- Berücksichtigen Sie Hierarchieebenen der Gesprächspartner (höhere vor
  niederer – in unserem Beispiel ist Bettina die ältere und qualifiziertere Mit-
  arbeiterin).
- Ein persönliches Thema hat Vorrang vor dem Sachthema.
- Berücksichtigen Sie den Grad einer möglichen Beeinträchtigung bei der wei-
  teren Zusammenarbeit.

Sie als Moderatorin können in den Dialog eingreifen, wenn die Stimmung ins
Negative rutscht. Oder wenn Sie merken, die beiden kommen nicht weiter.
Sie „drehen" sich im Kreis oder wandern in eine falsche Richtung ab. Lassen
Sie die jeweilige Mitarbeiterin allerdings erst aussprechen. Stellen Sie Fragen

während der Dialogphase. Damit unterstützen Sie die Gesprächspartner beim Klären des Konfliktes. Diese Fragen können sich z. B. darauf beziehen:

- Sie wollen das Thema noch einmal klar benennen: *„Ich möchte noch einmal zu dem Punkt kommen, als …"*
- Sie bemerken Gefühle (Gefühlsausbrüche), dann formulieren Sie ggf. so: *„Ich merke, dass Dir die Sache sehr nahegeht. Was für eine Art Tränen sind das? Tränen der Wut, der Enttäuschung?"*
- Sie brauchen eine konkrete Aussage: *„Bitte sag noch einmal ganz konkret, …"*
- Sie wollen noch einmal nachfragen, sichergehen, dass Sie alles richtig verstanden haben: *„Habe ich Dich richtig verstanden, dass …?"*

Bemerken Sie Störungen im Gespräch, greifen Sie ebenfalls ein. Formulieren Sie diese Störungen in Wünsche, Forderungen oder Erwartungen um. Sagen Sie auch, dass Sie zum Thema zurückkehren wollen. Fassen Sie auch hier das bisher Gesagte zusammen. Das können Sie z. B. so formulieren:

- *„Mein Eindruck ist, dass das Gespräch jetzt in eine andere Richtung läuft. Bitte lasst uns noch einmal zum Punkt – … – zurückkommen."*
- *„Ich verstehe nicht so ganz, was denn jetzt … mit dem Vorfall zu tun hat. Bitte erkläre mir, wie Du jetzt auf Deine Kollegin kommst."*
- *„So kommen wir nicht weiter. Ich erwarte von Dir, dass Du jetzt anhand von Beispielen/konkreten Situationen genau schilderst, was passiert ist."*

4. Phase: Beenden Sie den Dialog und suchen Sie nach einer Lösung

Der Dialog kann unterschiedlich verlaufen sein. War das Gespräch gut, können Sie Lösungsansätze erarbeiten. Verlief das Gespräch weniger gut, vereinbaren Sie einen neuen Termin.

Gehen Sie nach folgenden Punkten vor:

- Formulieren Sie konkrete Ziele (Was soll bis wann erreicht werden? Welche Art von Lösung ist für alle Beteiligten akzeptabel?)
- Bestimmen Sie wichtige Kriterien – z. B. was Ihnen für die weitere Zusammenarbeit wichtig ist.
- Legen Sie gemeinsam die Kriterien fest, mit denen die Lösungen überprüft und bewertet werden.
- Entwickeln Sie Lösungen, indem alle Beteiligten Vorschläge machen, wie eine Lösung aussehen kann.

- Klären Sie, wo Übereinkunft herrscht. Bearbeiten Sie noch offene und strittige Punkte.
- Verhandeln Sie und überprüfen Sie die Lösungen. Was ist brauchbar? Was ist machbar? Was ist zumutbar?
- Treffen Sie eine Entscheidung!
- Halten Sie Vereinbarungen schriftlich fest. Bestimmen Sie realistische Maßnahmen, Verhaltensänderungen, Regeln oder zukünftige Vorgehensweisen.
- Vereinbaren Sie einen nachfolgenden Termin, um „Bilanz" zu ziehen.

1. Möglichkeit – der Dialog verlief gut und Sie erarbeiten eine Lösung
   - Klären Sie Gemeinsamkeiten und Unterschiede des Konfliktes.
   - Halten Sie das Gemeinsame fest und verhandeln Sie die Unterschiede.
   - Suchen Sie gemeinsam nach Lösungen.
   - Verhandeln Sie ruhig hart, aber lösungsorientiert.
   - Halten Sie Vereinbarungen unbedingt schriftlich in einem Gesprächsprotokoll fest.
   - Bestimmen Sie gemeinsam einen Maßnahmenplan, in den jeder einwilligt.

2. Möglichkeit – der Dialog verlief schlecht und Sie erreichen keine Lösung
Manchmal passiert es, dass Sie zu keiner Lösung kommen. Das ist im ersten Konfliktgespräch auch nicht unbedingt das Ziel. Das Ziel im ersten Gespräch ist immer die Klärung! Das herauszufinden, was genau passiert ist. Erst wenn Sie das gemeinsam erarbeitet haben, können Sie in die Lösungsfindung für die zukünftige Zusammenarbeit gehen. Wenn es zu keiner Lösung gekommen ist, kann das mitunter daran liegen, dass

- in dem Dialog zwischen den Konfliktparteien noch mehr „Schlimmes" oder Gegensätzliches zutage gekommen ist.
- der Konflikt noch intensiver und komplexer zu sein scheint, als Sie es erwartet hatten.
- sich beide Konfliktparteien im Kreis drehen und nicht weiterkommen.
- In den meisten Fällen ist allerdings einfach die Zeit abgelaufen und der Dialog wird deshalb beendet. Wenn die Zeit abgelaufen ist und es zu keiner Lösungsfindung gekommen ist, dann vereinbaren Sie einen neuen Termin. Allerdings ist es wichtig, dass Sie noch die 5. Phase, die Abschlussphase, durchführen.

5. Phase: Gestalten Sie die Abschlussphase

Kündigen Sie das Ende an. Benennen Sie (falls vorhanden) noch alle offenen Themen. Fassen Sie die (momentane, wenn vorhandene) Lösung und das vereinbarte Vorgehen zusammen.

Falls es noch offene Themen gibt, kann Christina wie folgt formulieren:

„Bitte lasst uns einen Termin in der nächsten Woche für die anderen beiden Punkte vereinbaren. Bis dahin bitte ich Euch, die Zusammenarbeit zu beobachten. Die daraus entstehenden Bedürfnisse und Ideen tragen wir dann in unserem nächsten Gespräch zusammen."

Holen Sie ein Feedback ein und sagen Sie die abschließenden Worte. Christina sagt Folgendes:

„Ich bedanke mich für das konstruktive Gespräch und eure Bereitschaft zur Klärung. Klara, Bettina, Ihr werdet beide sicherlich noch darüber nachdenken. Es wird mit Sicherheit auch noch emotional nachwirken. Das ist völlig normal und in Ordnung. Das darf alles sein. Wenn Ihr merkt, dass es zu einem Rückfall kommt, dann sagt mir bitte umgehend Bescheid."

Schaffen Sie immer einen positiven Abschluss. Egal, wie das Gespräch verlaufen ist. Und vereinbaren Sie sofort einen weiteren Termin. Dieser soll möglichst zeitnah sein.

8.6   Welcher Konflikttyp sind Sie?

Jede Führungskraft geht mit Konflikten anders um. Gehen Sie in die Offensive oder warten Sie lieber ab, in der Hoffnung, dass sich der Konflikt von allein auflöst? Bekommt jeder seinen Raum, um offen die Themen anzusprechen oder geben Sie die zukünftigen Regeln gleich vor? Nutzen Sie den Test, um herauszufinden, welcher Konflikttyp Sie sind.

Treffen Sie pro Aussage/Zeile nur eine Entscheidung!

Test für Ermittlung Konflikttyp

Welche Aussage trifft auf Sie zu?	Trifft auf mich voll zu	Trifft zum Teil zu	Trifft nicht zu
Ich bin offen und suche sofort das Gespräch, denn ich bin an einer schnellen Lösung interessiert	2	1	0

Welche Aussage trifft auf Sie zu?	Trifft auf mich voll zu	Trifft zum Teil zu	Trifft nicht zu
Ich warte erst einmal ab und schaue was passiert – vielleicht löst es sich ja von ganz allein wieder auf	1	0	2
Mir geht ein Konflikt immer sehr nah, sodass ich nachts manchmal nicht mehr schlafen kann	1	2	0
Ich gehe der Sache auf den Grund und brauche möglichst viele Informationen	0	2	1
Wenn ich dann doch das Gespräch führe, dann bespreche ich auch gleich die anderen schon längst fälligen Themen gleich mit	1	0	2
Ich fühle immer sehr mit jeden Mitarbeiter mit, fühle mich gleichzeitig allerdings auch hilflos	1	2	0
Ich rede nicht lange um den heißen Brei und bringe die Punkte klar auf den Tisch	2	0	1
Ich bin offen für alles, jeder soll sagen was ihn stört und wir finden gemeinsam eine Lösung	1	2	0
Ich schaffe von vornherein klare Regeln an die sich jeder zu halten hat	0	1	2
Ich bin für jeden da und kümmere mich sofort um die Belange, wenn sich ein Konflikt anbahnt	2	1	0
Punkte			

Und so werten Sie den Test aus
Zählen Sie Ihre Punkte (pro Zeile nur eine Antwortmöglichkeit) zusammen.

0–8 Punkte:
Sie wollen erst einmal abwarten und schauen, wie sich die Sache entwickelt. Sie sammeln viele Fakten und brauchen entsprechende Informationen, um sich ein Bild zu machen. Sie betrachten Konflikte vorwiegend auf der Sachebene. Denn darum geht es Ihnen ja: Eine Lösung für eine Sache zu finden. Für Sie haben Zahlen, Daten und Fakten oberste Priorität.

Tipp: Ist der Konflikt schon weit vorangeschritten, dann haben Sie es vorrangig mit emotionalen Themen zu tun. Stellen Sie sich darauf ein, bevor Sie das Gespräch moderieren. Machen Sie sich vorab Ihre Notizen, damit Sie gut vorbereitet sind. Führen Sie das Gespräch so, dass Sie die Konfliktparteien durch

Fragen zur zwischenmenschlichen Zusammenarbeit dann auf die Sachebene bringen. Oder holen Sie sich jemand externen, z. B. einen Konfliktklärer oder Mediator dazu, der für Sie das Gespräch führt.

9–14 Punkte:
Sie hoffen, dass sich der Konflikt von allein auflöst und warten erst einmal ab. Allerdings nehmen Sie genau das mit nach Hause und beschäftigen sich weiter damit. Sie wollen, dass alle gut miteinander zusammenarbeiten und sich wohlfühlen. Deshalb versuchen Sie, Konflikte möglichst zu meiden, am besten gar nicht erst entstehen zu lassen.

Tipp: Warten Sie nicht zu lange mit einem Gespräch. Auch wenn es Ihnen schwerfällt und Sie das Gespräch am liebsten abgeben möchten. Sie bekommen eine gute Zusammenarbeit nur wieder zustande, wenn sich alle ausgesprochen haben. Bereiten Sie sich gut vor und achten Sie auch im Gespräch auf eine entsprechende Atmosphäre. Schaffen Sie durch Ihre Fragen, dass sich die Gesprächspartner gegenseitig verstehen.

15–20 Punkte:
Sie sprechen Konflikte direkt und offen an. Denn Sie wollen, dass die Praxis und die Zusammenarbeit wieder laufen. Sie wissen, dass es Meinungsverschiedenheiten geben kann und darf. Sie sind konfliktfähig und gehen suchen schnell das Gespräch. Jeder darf sagen, was los ist und Ideen mit einbringen. Ihnen ist wichtig, dass jeder schnell wieder seine Arbeit ausführen kann, denn deshalb sind sie ja zusammen.

Tipp: Sie wollen schnell zu einer Lösung kommen. Damit können Sie die Mitarbeiter überfahren, sodass diese sich nicht verstanden fühlen. Fassen Sie zusammen, was zusammengehört: einmal Emotionen und einmal die Themen. Dann finden Sie eine für beide Seiten bzw. alle Beteiligten eine objektive und gerechte Lösung.

8.7   Betreiben Sie „Konfliktprophylaxe"

Beschäftigen Sie sich intensiv mit dem Thema Konflikte. Dann sind Sie in der Lage, Konflikte die sich anbahnen, gut aufzulösen und zu klären. Sind Sie als Führungskraft gestärkt, klar und sicher, dann erreichen Sie in Ihrem Team eine offenere Führungs- und Kommunikationskultur. Ein gutes Team beweist sich erst als solches, wenn es weiß, konstruktiv mit Konflikten umzugehen. Sie selbst fühlen sich besser gewappnet, schwierige Situationen anzusprechen. Sie stärken ihre eigene Konfliktfähigkeit und die Akzeptanz gegenüber ihren Mitarbeiterinnen. Sie werden Konflikte, die vor allem durch die Sache und unterschiedliche Interessen geprägt sind, einfacher lösen. Voraussetzung ist, dass Sie selbst keine direkte Konfliktbeteiligte sind. Sind Sie in einen Konflikt involviert, dann ziehen Sie einen externen Experten zurate.

Konfliktbehandlung ist Führungsaufgabe

Konflikte entstehen, weil zwei Menschen einfach nicht zusammenpassen oder ein bestimmter Vorfall dazu geführt hat, dass zwei Personen in Konflikt geraten.

Konflikte auf der persönlichen Gefühls- oder Beziehungsebene sind oftmals schwieriger zu klären. Bei Konflikten ist nicht entscheidend, ob Sie es für schlimm erachten oder nicht. Auch wenn Sie mit Themen konfrontiert werden, welche Ihnen ganz banal erscheinen, kann es Ihre Mitarbeiterinnen oder auch nur eine Mitarbeiterin schwer belasten. Seien Sie also sensibel und offen für jedes Problem und bieten Sie jeder Mitarbeiterin die Möglichkeit, solche Probleme zu bewältigen. Häufig reicht es schon aus, wenn Ihre Mitarbeiterinnen merken, dass Sie bei Ihnen Gehör bekommen und Ihren Ärger nicht immer schlucken müssen.

Als Führungskraft sind Sie für Angelegenheiten wie der Konfliktklärung zuständig. Auch dann, wenn Sie nicht direkt in die Thematik involviert sind. Deshalb ist es wichtig, dass Sie Konflikte in ihrer Entstehung bereits erkennen und versuchen zu lösen. Konflikte sind unbedingt zu klären. Werden sie verschleppt, vergrößern sie sich meistens im Zeitverlauf und es kann eine enorme Spannung im Team entstehen.

Ihre Aufgabe als Führungskraft ist es, solche Situationen, auch wenn Sie noch so problematisch und unangenehm sind, mit Fingerspitzengefühl zu behandeln. Die Offenlegung der Ursache ist Voraussetzung, um eine gemeinsame Lösung erarbeiten zu können. Das Konfliktmanagement gehört neben vielen anderen Aufgaben zu Ihrer permanenten Führungsverantwortung.

Zu guter Letzt

Als Christina am Wochenende ihrem Mann Peter von Bettina und Klara berichtete, fragte er: „Hattest Du vor Deiner Niederlassung geahnt, wie wahr der Satz ist ‚Ich wollte Mitarbeiter und es kamen Menschen?'" „Stimmt", antwortete Christina, „das habe ich anfangs wirklich unterschätzt und mich phasenweise auch schon mal genervt. Allmählich fängt es aber an, Spaß zu machen. Ich merke einfach, dass Fortbildung und wirkliche Beschäftigung mit meinen Mitarbeiterinnen hilft. Personalführung und das Führen von Mitarbeitergesprächen kann man lernen – muss man aber auch."

Literatur

Quelle Kapitel 8.4: „Konfliktmanagement" Friedrich Glasl
Quelle Kapitel 8.5: Christoph Thomann, Klärungshilfe 2 – Konflikte im Beruf
Quelle Kapitel 8.6: mein eigener erstellter Test

Wenn sich die Wege trennen – Kündigungsgespräche

Stephan F. Kock

Du gehst Deinen Weg und ich gehe meinen Weg.

(Quelle unbekannt)

© Tatjana Stefanowsky

© Springer Fachmedien Wiesbaden GmbH, ein Teil von Springer Nature 2019
S. F. Kock et al., *Wir müssen reden ...*,
https://doi.org/10.1007/978-3-658-22583-4_9

Kennen Sie das auch?

Jetzt war es wirklich genug. Sie hatte den Kanal so was von voll! So ging das nicht weiter. Voller Ärger, Enttäuschung. „Wie blöd muss man eigentlich sein?", verärgert verrichtete Christina ihren Alltag. Nichts machte Spaß. Nichts Freude. Peter war es auch leid, immer und immer wieder von den Praxisquerelen zu hören.

Schon seit Tagen, wenn nicht Wochen, ging Christina ungern in ihre eigene Praxis. Sie hatte förmlich Angst, auf Monika zu treffen. Sicher, sie hatte Monika damals, als sie die Praxis übernahm, sozusagen von der Abgeberin „geerbt"und zuerst war auch alles gut. Monika war engagiert und kannte sich sehr gut aus. Sie war bei den Patienten beliebt. Sie organisierte als medizinische Verwaltungsangestellte alle administrativen Verantwortungsbereiche so, dass keine Probleme entstanden. Auf Monika war stets Verlass. Sie managte einen reibungslosen Praxisalltag.

Und dann, als Christina sich selbst sicherer fühlte und begann, über den Tellerrand zu blicken, fiel ihr auf, dass Monika irgendwie in der Zeit zurückgeblieben schien und ihre Position ausnutzte. Manchmal fragte Christina sich, ob Monika nicht zu glauben begann, sie sei die eigentliche Praxisleitung. Wie sonst war es zu erklären, dass sie sich trotz ihrer Kritik nicht änderte. Überall mischte Monika sich mittlerweile ein. Selbst beim Praxisfest, als es um das Kuchenbacken ging, wusste Monika natürlich besser, welcher Kuchen gebraucht werden würde. Im Grunde, da war sich Christina sicher, war es von Anfang an so. „Es ist meine Praxis", dachte sie und ja, sie hatte viel zu lange gewartet, um diesem Gefühl von Misstrauen ausreichend Platz einzuräumen. Jetzt war es genug!

Wie auch immer, in Christina reifte die Überzeugung, dass die gemeinsamen Wege vorbei seien und Monika die Praxis verlassen muss. Sie hatte sich entschieden. Monika musste weg.

Seitdem der Entschluss in ihr gereift war, versuchte Christina, den Kontakt mit Monika zu vermeiden, wo immer dies möglich war. So kam es vor, dass Christina sie nicht zur Teamsitzung einlud oder das gemeinsame Grillen ohne Monika stattfand. Alle anderen Mitarbeiterinnen, inklusive Klara und Bettina, hatten auch genug von der Art und Weise, mit der Monika in der Praxis regierte. Es tat gut, sich mit den beiden über die „Fehltritte" Monikas auszutauschen und zu merken, dass sie mit ihrer Meinung nicht allein war.

So kam es, wie es kommen musste. An einem Freitag, nach Praxisschluss, bat Christina Monika auf ein kurzes Gespräch in ihr Sprechzimmer. „Es ist vorbei", sagte sie. „Monika, ich möchte, dass Du die Praxis verlässt. Jemanden wie Dich, der die Praxisatmosphäre derart vergiftet, kann ich mir nicht leisten. Das sehen

Klara und Bettina im Übrigen auch so. Also, es ist besser, wenn wir uns trennen. Glaube mir, ich habe mir diese Entscheidung nicht leicht gemacht."

Monika wusste nicht, wie ihr geschah. Sie musste sich erst einmal setzen. Sie war geschockt und entsetzt zugleich. Sie fragte sich, ob sie das wirklich gehört hatte. War sie wirklich entlassen worden? „Wieso ich", fragte sie sich. „Wieso jetzt?" Es war November, kurz vor Weihnachten. Wie sollte Sie das zu Hause erklären? Was würde aus ihr und ihrer Familie werden? Tränen schossen ihr ins Gesicht und sie hörte sich sagen: „Christina, bitte, überlege Dir das noch einmal. Ich werde mich ändern."

Doch Christina hatte schon begonnen, ihre Sachen zu packen und sich für den Heimweg vorzubereiten.

Was war passiert?

Angeblich hat eine Studie gezeigt, dass 84 % aller Kündigungen ohne Gespräch stattfinden. Dennoch, im Laufe Ihres Praxisalltages als Praxisinhaberin werden Sie mit sehr hoher Wahrscheinlichkeit früher oder später ein Kündigungsgespräch führen. Das lässt niemanden unberührt. Es ist mehr als verständlich, wenn Sie versuchen, ein Kündigungsgespräch zu vermeiden, zu verschieben oder zu delegieren. Meist gibt es *„gute"* Gründe dafür, die Ihnen auch im Kapitel *„Kritikgespräch"* vorgestellt worden sind. Wie war das noch mal?

- Geringes Selbstbewusstsein,
- großes Harmoniebestreben und
- fehlende Konfliktfähigkeit und/oder -bereitschaft?

Dies sind meist die *„guten"* Gründe, die eine Praxisinhaberin von einer Kündigung abhalten. Dann kommt es zu Szenen wie jener, die am Kapitelanfang zu lesen war.

Die Praxisinhaberin hatte einfach genug. Jedes Entlassungsgespräch hat eine Vorgeschichte. Das Kündigungsgespräch ist das Ende einer Reihe von Feedback- und Kritikgesprächen, die ohne Veränderung einfach verpufften. Als die Praxisinhaberin den Spaß an der Arbeit in der eigenen Praxis verloren und ihre persönlichen Grenzen ausreichend überschritten hatte, musste sie handeln. Unerfahren, wie sie in solch einer Angelegenheit war, nahm sie all ihren Mut zusammen und passte die nächstbeste Gelegenheit ab, um Schluss zu machen. Unangenehm. Unvorbereitet. Unangemessen.

9.1 Wozu dienen Kündigungsgespräche eigentlich?

Wege trennen sich. Es ist normal, dass Mitarbeiterinnen nicht in allen Punkten Ihren Anforderungen entsprechen. Wenn ein Miteinander aber nicht mehr trag- oder aushaltbar ist, dann dient das Kündigungsgespräch dazu, das Arbeitsverhältnis klar und deutlich zu beenden. Diese Aufgabe ist sicher eine der unangenehmsten und schwierigsten Aufgaben, die Sie als Praxisinhaberin haben.

Und natürlich gibt es stichhaltige Gründe für Entlassungen. Einige der häufigsten Gründe sind wie beispielsweise bei Müller 2017 aufgeführt:

- ungenügende Leistungen,
- großer Unterschied zwischen Stellenbild und Stelleninhaberin,
- mangelnde Fachkenntnisse,
- falsche Erwartungen der Praxisinhaberin oder der Mitarbeiterin,
- mangelnde Identifikation mit der Praxis,
- persönliche Animosität zwischen Praxisinhaberin und Mitarbeiterin,
- die Aufhebung der Stelle,
- unakzeptables Verhalten,
- wirtschaftliche Situation des Praxis,
- etc.

9.1.1 Welche Bedeutung haben die Kündigungsgründe?

Ganz gleich, ob Sie eine fristlose Kündigung oder eine ordentliche Kündigung vor sich haben: Der Kündigungsgrund spielt eine wesentliche Rolle.

Für die betroffene Mitarbeiterin hat der Grund vor allem deshalb große Bedeutung, weil er die Erklärung dafür gibt, wie es zu der Kündigung kam. Im Beispiel blieb der Grund im Nebulösen *„Jemand, der die Praxisatmosphäre derart vergiftet, kann ich mir nicht leisten"*, hat die Praxisinhaberin gesagt.

Die Beratungserfahrung zeigt, dass nicht jeder Grund geeignet ist, eine Kündigung zu rechtfertigen. Dabei ist der Maßstab, der an die Begründung einer Kündigung gelegt wird, nicht bei jeder Kündigungsart gleich hoch:

Bei einer fristlosen Kündigung, die die folgenschwerste Maßnahme einer Arbeitgeberin ist, spielt der Kündigungsgrund die zentrale Rolle. Eine fristlose Kündigung erfordert einen weitaus schwerwiegenderen Grund als z. B. die ordentliche Kündigung einer Mitarbeiterin innerhalb der Probezeit.

Ordentliche Kündigungen im Rahmen des Kündigungsschutzgesetzes bedürfen ebenfalls eines erheblichen (nämlich praxis-, personen- oder verhaltensbedingten) Grundes, der die Kündigung „sozial rechtfertigt".

Ordentliche Kündigungen außerhalb des Kündigungsschutzgesetzes erfordern hingegen grundsätzlich keine Rechtfertigung über den Grund.

Hier empfiehlt es sich immer, die aktuelle Rechtslage zu überprüfen.

Der Kündigungsgrund ist für die Wirksamkeit Ihrer Kündigung vor entscheidender Wichtigkeit

Ihren Kündigungsgrund sorgfältig zu überprüfen und zu reflektieren, macht regelmäßig Sinn. Fehlt ein Grund oder ist er gar gesetzwidrig, wird Ihre Kündigung unwirksam. Eine Situation, die niemand will.

Der Kündigungsgrund ist lediglich eine von verschiedenen Wirksamkeitsvoraussetzungen Ihrer Kündigung. Es gibt zahlreiche weitere Umstände, die bei der Frage, ob eine Kündigung wirksam ist, eine Rolle spielen: Der beste Grund, den Sie für eine Kündigung ins Feld führen, ist unwirksam, wenn andere Wirksamkeitsvoraussetzungen nicht vorliegen. Dazu macht es Sinn, mit einer Arbeitsrechtlerin Kontakt aufzunehmen, um die rechtlichen Rahmenbedingungen sorgfältig zu prüfen und abzusichern. Die Lektüre dieses Buches/Kapitels kann eine Rechtsberatung auf keinen Fall ersetzen und will das auch nicht.

Müssen Sie die Gründe der Kündigung benennen?

Nein, die Kündigungsgründe müssen in aller Regel weder im Kündigungsschreiben noch im Kündigungsgespräch genannt werden, es sei denn, die Angabe von Gründen ist gesetzlich vorgeschrieben (z. B. bei der Kündigung von Frauen, die unter Mutterschutz stehen, oder von Auszubildenden).

Die Beratungserfahrung hat gezeigt, dass die meisten Kündigungsgespräche mit Erklärungen, Entschuldigungen etc. belastet sind. Hier wird erlebbar, dass eine Kündigung auch für die Praxisinhaberin eine sehr schwierige Situation ist.

Gewissensbisse, Selbstvorwürfe und schlechtes Gewissen können echte Plagegeister sein und die eigene Führungsposition nachhaltig belasten. Besser ist es, sich absolut sicher zu sein, dass eine Trennung der richtige und einzige Weg ist. Da die Kündigung nicht verhandelbar ist, müssen Kündigungsgründe in der Kündigung auch nicht benannt werden.

Wie erfahren gekündigte Mitarbeiterinnen von den Gründen für ihre Kündigung?

Wenn Sie die Kündigungsgründe weder im Kündigungsschreiben noch im Kündigungsgespräch benennen, kann die Mitarbeiterin Sie auffordern, die Gründe nachträglich zu benennen.

Eine Pflicht der Arbeitgeberin zur Nennung der Gründe ergibt sich bei der fristlosen Kündigung (Diebstahl, Betrug, Arbeitsverweigerung, Arbeitsvertragsbruch, notorische Unpünktlichkeit, Verstoß gegen Wettbewerbsverbote etc.) direkt aus dem Gesetz. Das Kündigungsschutzgesetz schreibt Ihnen bei praxisbedingten ordentlichen Kündigungen hingegen nur die Begründung der Sozialauswahl vor. (Dazu müsste Ihre Praxis allerdings 10 und mehr Mitarbeiterinnen haben, zu denen keine Auszubildenden zählen.) Manchmal kann sich ein weitergehender Anspruch als Nebenpflicht aus dem Arbeitsvertrag ergeben. Die Wahrscheinlichkeit ist allerdings eher gering, da die meisten vertraglichen Vereinbarungen eine solche Pflicht nicht begründen. Um sicher zu sein, kontaktieren Sie eine Arbeitsrechtlerin.

Kommen Sie einer Begründung nicht nach, wird Ihre Kündigung nicht unwirksam, aber es kann sich gegebenenfalls ein Schadensersatzanspruch ergeben.

Sie sehen also, die hier *„drohenden"* Sanktionen sind eher gering und vor allem wegen der knappen Zeit zwischen dem Kündigungszugang und dem Ende der Klagefrist (3 Wochen) klärt sich die Frage nach dem Kündigungsgrund meistens erst im Rahmen einer Kündigungsschutzklage. In einem solchen Prozess müssen Sie als Arbeitgeberin den wichtigen Grund einer fristlosen Kündigung und die soziale Rechtfertigung einer ordentlichen Kündigung nach dem Kündigungsschutzgesetz ausführlich darlegen.

Bei unklaren oder nicht vollständig bekannten Gründen empfiehlt es sich für die Arbeitnehmerin, regelmäßig Klage zu erheben.

Die Gründe einer außerordentlichen/fristlosen Kündigung

Eine fristlose Kündigung durch Sie erfordert immer einen *„wichtigen Grund"*. Das Vorliegen dieses wichtigen Grundes ist die Basis Ihres Kündigungsgespräches. Ein wichtiger Grund liegt dann vor, wenn Ihnen die Einhaltung der ordentlichen Kündigung nicht zuzumuten ist.

Was sind die Kündigungsgründe bei einer ordentlichen Kündigung?

Die Gründe für eine ordentliche Kündigung können vielfältig sein: Sie können sich aus Ihrer wirtschaftlichen Situation oder aus Umständen ergeben, die im Bereich der Mitarbeiterin liegen. Bedenken Sie, dass nicht jeder Grund vom Gesetz anerkannt wird:

Als Praxisinhaberin dürfen Sie durchaus kündigen, wenn ein Stellenabbau erforderlich ist. Sie dürfen aber nicht willkürlich kündigen, weil Ihnen eine Mitarbeiterin „nicht passt".

Als Praxisinhaberin dürfen Sie kündigen, wenn die Mitarbeiterin ihre Arbeitspflichten nicht mehr erfüllen kann – aber nicht, weil Ihnen die Mitarbeiterin „zu alt" ist.

Als Praxisinhaberin dürfen Sie kündigen, wenn das Verhalten der Mitarbeiterin Grund zur Beanstandung gibt – aber nicht, weil die Mitarbeiterin dabei in zulässiger Weise von ihren Rechten Gebrauch gemacht hat.

Es gilt also, dass ein Kündigungsgespräch dann hilfreich ist, wenn Ihre Mitarbeiterin trotz wiederholter Kritikgespräche und Abmahnungen weiterhin praxis-, personen- oder verhaltensbedingt „aus der Reihe tanzt".

Ein passendes Kündigungsgespräch …
- steht für Ihre Führungsphilosophie.
- ist respektvoll. Hart in der Sache, fair mit den Menschen.
- fördert die Mitarbeitermotivation.
- verbessert das Praxisklima.
- fördert Vertrauen und Offenheit.
- verschafft Ihnen Respekt und Erfolg als Praxisleitung.

Vermeiden Sie Fehler bei der Kündigung
Klar, Kündigungsgespräche sind nicht einfach. Wären sie einfach, dann könnte sie ja jede führen. Sie sind aber nicht jede. Es ist Ihre Praxis. Sie sind die Praxisinhaberin. Sie sind die verantwortliche Leitungsperson.

Sie können sich drücken, sicher, doch ist das nicht sinnvoll. Drücken gilt nicht. Kündigungsgespräche zu führen ist Ihre Aufgabe. Sie sind Teil Ihrer Führungsrolle. Wenn Sie sich davor drücken, dann verhalten Sie sich gegebenenfalls ähnlich wie die, die sich von ihrem Liebsten via WhatsApp trennt. Das geht zwar, aber wäre das der Stil, den Sie sich im Umgang mit sich wünschten?

Kennen Sie Kündigungsgespräche, die respektlos sind?
Werden Sie gern abserviert? – Eben. Niemand wird gern gekündigt. Klar, dass die Betroffene geschockt, verärgert, verunsichert oder sonst etwas ist. *(Monika wusste nicht, wie ihr geschah. Sie musste sich erst einmal setzen. Sie war geschockt und entsetzt zugleich.)* Es wird sicher nicht passieren, dass eine Mitarbeiterin zu Ihnen sagt: *„Toll, wie nachvollziehbar Sie das Kündigungsgespräch mit mir geführt haben. Hut ab dafür. Wenn ich dürfte, würde ich noch so ein Gespräch mit Ihnen führen."* Wie schon wiederholt geschrieben, Kündigung ist

nicht einfach. Wenn Sie für sich zu dem Schluss gekommen sind, dass Sie sich von einer Mitarbeiterin trennen wollen, dann gilt dennoch das Harvard-Prinzip: Hart in der Sache, fair mit den Menschen! (Fisher und Ury 1981)

Respektlosigkeit hat in einem Kündigungsgespräch nichts zu suchen. Auch nicht in Ihrem Kündigungsgespräch. Niemand und schon gar keine Mitarbeiterin Ihrer Praxis hat es verdient, dass respektlos mit ihr umgegangen wird. *(„…, kann ich mir nicht leisten. Das sehen Klara und Bettina im Übrigen auch so. Also, es ist besser, wenn wir uns trennen. Glaube mir, ich habe mir diese Entscheidung nicht leicht gemacht.")*

Kündigung trifft die betroffenen Menschen immer. Das ist verständlich. Umso wichtiger ist es, dass Ihr Kündigungsgespräch so verläuft, dass Sie sich jederzeit mit Ihrer gekündigten Mitarbeiterin auf einen Kaffee treffen könnten. Wenn Sie als Praxisinhaberin unbedacht, unvorbereitet *(An einem Freitag, nach Praxis-schluss, bat Christina Monika auf ein kurzes Gespräch in ihr Sprechzimmer. „Es ist vorbei", sagte sie.)* oder unpassend kündigen, dann kann es sein, dass Sie mit Ihrem Vorhaben ins Leere laufen und Ihr Gespräch, das ohnehin schon belastend ist, dadurch an zusätzlicher Last gewinnt.

Folgt Ihre Kündigung vorangehenden Kritikgesprächen und erfolgt nicht aus heiterem Himmel, dann ist sie berechtigt und angemessen. Ihre Mitarbeiterin hatte die Möglichkeit, ihr Verhalten anzupassen. Sie hatte ihre Chancen und Ihre Unterstützung. Sie haben alles unternommen, um Ihre Mitarbeiterin zu fordern und zu fördern.

Erst wenn alles Fordern und Fördern, Ermahnen und Abmahnen nicht hilft, ist Trennung die letzte Möglichkeit. Ihre Kündigung ist dabei annehmbarer, wenn sie bestimmten Phasen folgt:

1. Gesprächseröffnung
2. Aussprechen der Kündigung – oder Kündigungsbotschaft
3. Begründung der Kündigung und Umgang mit der „Schockreaktion"
4. Thematisieren des weiteren Vorgehens
5. Gesprächsabschluss

Wie heißt es aus unbekannter Quelle? *„Du gehst Deinen Weg und ich gehe meinen Weg."*

Fragen, die Sie sich vor dem Kündigungsgespräch stellen können, um gut vorbereitet zu sein

---

Checkliste – Vorbereitung eines Kündigungsgesprächs

Was ist der Gesprächsanlass? (praxisbedingte oder außerordentliche Kündigung)

Liegen mir alle Informationen, Unterlagen, Fakten zum Gesprächsanlass vor?

Wie formuliere ich meine Aussagen?

Welche Argumente habe ich?

Was sind die vermuteten Argumente meiner Mitarbeiterin?

Wie gehe ich auf die Argumente meiner Mitarbeiterin ein?

Wo findet das Gespräch statt?

Wann findet das Gespräch statt?

Ist die Ungestörtheit sichergestellt?

9.1.2   Vermeiden Sie Fehler im Kündigungsgespräch, dann wird es für Sie leichter

R. Geropp beschreibt Fehler, die Ihr Kündigungsgespräch verunglücken lassen könnten:

Kündigung delegieren

Wie schon weiter vorn beschrieben, Kündigung ist Sache der Chefin. Kündigung ist Ihre Aufgabe. Delegation an eine andere Mitarbeiterin – *„Klara, Du kennst Monika nun doch schon länger und Ihr seid auch befreundet, sag Du ihr bitte, dass ich mich von ihr trennen muss!"* – geht nicht. Ihre Mitarbeiterin hat monate- oder jahrelang für Sie gearbeitet, hat direkt an Sie berichtet und den Laden für Sie geschmissen und jetzt nehmen Sie sich nicht einmal Zeit, ihr die Kündigung auszusprechen? Nein, das ist ein *„No-Go"*.

„Alle anderen Mitarbeiterinnen, inklusive Klara und Bettina, hatten auch genug von der Art und Weise, mit der Monika in der Praxis regierte."

Schlechte Vorbereitung

Natürlich haben Sie vor dem Kündigungsgespräch ausführlich alle arbeits-rechtlichen und sonstigen Fragen geklärt. Nutzen Sie den Rat von Expertin-nen. Kündigen Sie, dann macht es Sinn, dass sie juristisch auf sicherem Grund argumentieren und Ihre Kündigung unanfechtbar ist. Für Ihr Gespräch ist es hilfreich, alle nötigen Unterlagen (Finanzen, Resturlaub, Freistellung, Zeugnis, Unterstützung bei Neuorientierung, betriebliche Altersvorsorge etc.) schriftlich vorbereitet und im Gespräch parat zu haben.

„Doch Christina hatte schon begonnen, ihre Sachen zu packen und sich für den Heimweg vorzubereiten."

Mieses Timing

Der Freitag ist in besonderer Weise ungeeignet für Ihr Kündigungsgespräch. Ihre Mitarbeiterin möchte vielleicht nach dem Gespräch einen Anwalt oder andere Menschen kontaktieren. Dies wird schwer, so kurz vor dem Wochenende. Vor dem Wochenende! Ein Freitagabend kurz vor dem Heimgehen ist unglücklich, liegt doch ein anstrengender Praxistag hinter allen Beteiligten. Auch terminliche Verpflichtungen direkt nach einem Kündigungsgespräch sind selten hilfreich. Sie wissen nicht, wie Ihre Gesprächspartnerin reagieren wird oder wie lange das Gespräch am Ende dauert.

„An einem Freitag, nach Praxisschluss, bat Christina Monika auf ein kurzes Gespräch in ihr Sprechzimmer."

Unpassender Ort

Ein so sensibles Thema benötigt einen geschützten Raum. Ein Raum, in dem Sie nicht gestört werden können. Keine Handys. Keine Telefonate. Keine Unterbrechungen durch andere Mitarbeiterinnen oder Patienten. Nicht im Sozialraum. Ein Kündigungsgespräch benötigt eine ungetrübte Atmosphäre und Zeit. Es geht um nicht weniger als die Zukunft für Sie und Ihre Mitarbeiterin. Zeit und Ruhe sind eine letzte Form der Anerkennung *„An einem Freitag, nach Praxisschluss, bat Christina Monika auf ein kurzes Gespräch in ihr Sprechzimmer … Doch Christina hatte schon begonnen, ihre Sachen zu packen und sich für den Heimweg vorzubereiten"*.

Labern

Es stimmt, Kündigungen sind schwer, aber das ist Ihr Problem und nicht das Ihrer Mitarbeiterin. Reden Sie nicht lange um den heißen Brei herum. Kommen Sie auf den Punkt. Klar und unmissverständlich. Kein Small Talk. Keine unangemessenen Freundlichkeiten. Folgen Sie dem Harvard-Prinzip: „Hart in der Sache, fair mit den Menschen." Ein Kündigungsgespräch ist auch keine Verhandlungs- oder Diskussionsrunde. Ihre Entscheidung ist gefallen und unverhandelbar. Bleiben Sie wertschätzend, kränken Sie Ihre Mitarbeiterin nicht, es gibt keinen Grund dafür. Bleiben Sie bei den Fakten. Nicht mehr. Nicht weniger. Wenn Sie Ihr Gewissen plagen sollte, dann reden Sie nach dem Gespräch mit jemandem. Erwarten Sie keine Absolution von Ihrer Mitarbeiterin. *„Ich hätte mich auch entlassen."*

„Also, es ist besser, wenn wir uns trennen. Glaube mir, ich habe mir diese Entscheidung nicht leicht gemacht."

Kündigung wird zur Abrechnung
Sie sind verärgert über Ihre Mitarbeiterin und die Situation, in der Sie sich wiederfinden? Bleiben Sie fair. Bleiben Sie sachlich. Seien Sie wertschätzend. Führen Sie Ihr Kündigungsgespräch so, dass Sie gut auseinanderkommen bzw. sich jederzeit auf einen Kaffee treffen könnten. Bleiben Sie auch dann fair, wenn die Mitarbeiterin Sie mit Vorwürfen überhäuft, die Sie für unangebracht halten. Ihre Mitarbeiterin wird emotional, das ist okay. Zeigen Sie Verständnis dafür. Geben Sie ihr Zeit, die Nachricht aufzunehmen. Lassen Sie Pausen zu. Schweigen kann hilfreich sein. Manchmal ist ein weiteres Gespräch für die Formalien sinnvoll.

„Monika wusste nicht, wie ihr geschah. Sie musste sich erst einmal setzen. Sie war geschockt und entsetzt zugleich. Sie fragte sich, ob sie das wirklich gehört hatte. War sie wirklich entlassen worden?"

In Deckung gehen
Die Kündigung einer Mitarbeiterin hat immer Auswirkungen auf das restliche Team. Wie eine Kündigung abläuft, hat bedeutenden Einfluss auf die verbleibenden Mitarbeiterinnen. Hier wird Kultur erlebbar. Informieren Sie Ihre restlichen Mitarbeiterinnen zeitnah über die Trennung, ohne ins Detail zu gehen.

Sie sehen, es gibt viele Möglichkeiten, nicht alles aus solch einem Gespräch herauszuholen. Dennoch, es ist eine – wenn auch eine sehr schwierige – Situation, die zu Ihrem Praxisleben dazugehört. Sie haben sich vielleicht nicht bewusst, aber doch entschieden, diese anzunehmen.

Fehler, die Ihnen unterlaufen könnten, hätten möglicherweise Folgen …
Hier ein kleiner Ausschnitt von möglichen Folgen, der keinen Anspruch auf Vollständigkeit erhebt:

- Die Mitarbeiterin reagiert mit Vorwürfen.
- Die Mitarbeiterin reagiert mit Trauer.
- Die Mitarbeiterin schweigt.
- Die Mitarbeiterin kann sachliche Informationen nicht abfragen.
- Die Mitarbeiterin fragt nach Alternativen.
- Die Mitarbeiterin formuliert Zukunftsängste.
- Die Mitarbeiterin will verhandeln.
- Die Begeisterung lässt nach.

9.1.3   Wie können Sie Ihr Kündigungsgespräch aufbauen?

In Anlehnung an Thomas Wachters (2017) Tipps zur schonenden Trennung finden Sie nachfolgend einen möglichen Gesprächsaufbau.

Gesprächseröffnung
Es ist gestattet, dass Sie Ihre Mitarbeiterin wertschätzend und respektvoll begegnen. Es ist zwar ein Kündigungsgespräch, dennoch müssen Sie nicht zum Unmenschen werden. Eine höfliche Begrüßung schadet nicht und kann Sie unterstützen, Ihre innere Haltung zu wahren. Haben Sie alle Unterlagen bei sich? Sorgen Sie für Ungestörtheit. Wählen Sie den Sitzplatz, der Ihnen angenehm ist – oft ist das der Platz gegenüber der Mitarbeiterin. So dokumentieren Sie auch körpersprachlich, dass etwas zwischen Ihnen steht.

Aussprechen und Begründen der Kündigung
Gleich zu Beginn des Gesprächs, nach der Begrüßung, sprechen Sie die Kündigung aus. Höflichkeitsfloskeln *(„Wie geht's?")*, scheinbare Freundlichkeiten *(„Wie läuft's so Zuhause?")*, Small Talk etc. gehören nicht an den Anfang Ihres Kündigungsgespräches. Formulieren Sie Ihre Kündigung so, dass die Botschaft schonend ankommt, aber unverhandelbar ist. Das Arbeitsverhältnis ist beendet.

Es kann sinnvoll für Sie sein, auf Begriffe wie *„Entlassung, gefeuert oder Kündigung"* zu verzichten. Sprechen Sie stattdessen Ihr Bedauern aus: *„Ich bedaure, dass es so weit gekommen ist."* Oder: *„Es tut mir leid, dass es so weit gekommen ist."* Rechtfertigen oder entschuldigen Sie sich nicht. Dass es Ihnen nicht leicht fällt, ist okay, jetzt geht es um ein respektvolles, wertschätzendes Ende. Also kommen Sie auf den Punkt. Bringen Sie nicht erst die Begründungen, um dann anschließend auf die Kündigung zu kommen. An dieser Stelle können Sie Ihre Entscheidung begründen, müssen es aber vermutlich nicht. Ihre Begründung schafft vermutlich mehr Verständnis, wenn sie sachlich korrekt und vor allem ehrlich ist. Auch eine ehrliche Begründung lässt sich respektvoll und schonend vermitteln. Sie tun gut daran, auf das Selbstwertgefühl der betroffenen Mitarbeiterin zu achten.

Vermeiden Sie Begriffe wie *„Versagen", „fehlt Ihnen an", „ungenügend"* etc. Verwenden Sie besser Begriffe wie *„Ihre Stärken liegen mehr", „liegen Ihnen weniger", „hat sich nicht so entwickelt"*. Verteidigungen und Rechtfertigungen helfen nicht weiter. Sie sind das Zeichen Ihrer möglichen Unsicherheit und ein Versuch, dass die betroffene Mitarbeiterin doch Ihre schwierige Rolle als Chefin verstehen möge. Eine Person, die gerade von Ihnen gefeuert wird, wird sicher kein Verständnis für Sie aufbringen. Die Gründe, welche zur Entlassung geführt haben, werden erst nach dem Aussprechen der Kündigung aufgeführt. Das umgekehrte Vorgehen, also erst alle Gründe nennen und dann auf die Einsicht der Mitarbeiterin oder des Mitarbeiters zu hoffen, läuft regelmäßig ins Leere. Es ist nicht zu erwarten, dass die betroffene Person selbst zur *„Einsicht"* gelangt, dass das Arbeitsverhältnis aufgelöst werden soll. Nachdem der Vorgesetzte die Person ausreichend gegrillt und gequält hat, bleibt ihm doch nichts anderes übrig, als die Kündigung selbst auszusprechen.

Auffangen der emotionalen Reaktion
Nachdem Sie die Kündigung ausgesprochen haben, gilt es, die emotionale Reaktion der betroffenen Mitarbeiterin in Ruhe abzuwarten, auszuhalten und aufzufangen. Laut Wachter (2017) gibt es vier mögliche Grundkategorien, wie Mitarbeitende auf Kündigungen reagieren: die defensive Reaktion, die aggressive Reaktion, die Verleugnung und die Rationalisierung.

Defensive Reaktion – Rückzug
Ihre Mitarbeiterin ist gar nicht in der Lage zu sprechen. Will nicht. Kann nicht.
Ihre Mitarbeiterin weint.
Ihre Mitarbeiterin ist enttäuscht.
Ihre Mitarbeiterin zweifelt an sich selbst.
Ihre Mitarbeiterin zieht sich zurück.

Aggressive Reaktion – Angriff
Ihre Mitarbeiterin reagiert mit Beschimpfung, Beleidigung, Trotzen, Drohen oder gar tätlichem Angriff.

Distanziert – Verleugnung
Ihre Mitarbeiterin reagiert beherrscht, nimmt die Nachricht vielleicht gefasst auf oder lässt das Ereignis noch gar nicht an sich heran.

Kündigung als Business – Rationalisierung
Ihre Mitarbeiterin lotet ihre Verhandlungsposition aus, bleibt cool. Fragt unmittelbar nach den Leistungen der Praxis, einer Abfindung, der Freistellung etc.
   Wie auch immer die Reaktion Ihrer Mitarbeiterin ausfällt, achten Sie darauf, ob die betroffene Mitarbeiterin wütend oder traurig wird, hilflos ist, oder die Kündigung nach außen *„locker"* hinnimmt. Reagieren Sie mit dem entsprechenden Verständnis.

Als Praxisinhaberin bleiben Sie sachlich. Bewahren Sie Ruhe. Weisen Sie die betroffene Person nicht zurecht *(„So kann man das aber nicht sehen."* – *Kann man doch!),* appellieren Sie nicht an die Vernunft *(„Bleib doch vernünftig, wir müssen das jetzt sachlich regeln. ")* und trösten Sie nicht *(„Du bist ja noch jung. ",* *„Sei doch froh, anderen erginge es noch viel schlechter. ")* Vermeiden Sie einen abrupten Gesprächsabbruch, geben Sie nichts auf solche Empfehlungen. Sie kündigen, dann müssen Sie die Folgen auch *„aushalten".*

Die emotionale Reaktion der Person ist wichtig. Es gilt, diese auszuhalten. Einfach das Gespräch abzubrechen *(„Mit Dir kann man jetzt nicht reden, Du nimmst das viel zu persönlich. "),* ist für die betroffene Person verletzend. In dieser Phase tun Sie am besten *„nichts".* Sie versuchen, die Reaktion zu verstehen und zu akzeptieren, dass Ihre Mitarbeiterin ihre Kündigung als ungerechtfertigte Gemeinheit versteht. Solche Reaktionen sind völlig normal. Bestätigen Sie aber nicht, dass es sich wirklich um eine ausgekochte Gemeinheit handelt, versuchen Sie lediglich zu verstehen, dass die betroffene Person dies im Moment so sieht *(„Ich verstehe, dass das aus deiner Sicht so wirkt. ")* Achten Sie auch auf den Inhalt des Gesagten. Was sagt die betroffene Person? Welches ist im Moment ihr wichtigstes Problem? Das kann zum Beispiel die Frage sein, wie die Kündigung in der Familie erklärt werden kann. Es kann also ggf. eine Frage des Selbstwertes sein oder werden. *(„Wieso ich", fragte sie sich. „Wieso jetzt?" Es war November, kurz vor Weihnachten. Wie sollte sie das zu Hause erklären? Was würde aus ihr und ihrer Familie werden?")* Versuchen Sie, auch das zu verstehen. Hart in der Sache, fair mit den Menschen.

Ausrichten auf die Zukunft/Hilfestellungen

In dieser Gesprächsphase schauen Sie in die Zukunft. Eine Aufzählung von Verfehlungen und Defiziten bringt nun nichts mehr, die Begründung der Kündigung ist abgeschlossen. Sie haben Ihre Entscheidung getroffen und die steht unumstößlich. Die Kündigung ist nicht verhandelbar.

In diesem Abschnitt Ihres Gespräches geht es darum, Perspektiven zu erarbeiten und Ihre entlassene Mitarbeiterin aufzubauen bzw. zu unterstützen. Versuchen Sie, die betroffene Mitarbeiterin zu aktivieren, die notwendigen Schritte zu unternehmen. Teilweise können Sie dies schon im Kündigungsgespräch angehen, die Vertiefung findet dann in einem oder mehreren Folgegesprächen statt. Bieten Sie der betroffenen Person mögliche, individuelle und abgestimmte Unterstützung an. Versprechen Sie aber nichts, was Sie nicht halten können. *(„Ich helfe Dir bei der Stellensuche, wir finden ganz sicher etwas. ")* Bei einer einzelnen Kündigung wie im beschriebenen Fall könnten folgende Hilfestellungen infrage kommen:

- eine angemessen verlängerte Kündigungsfrist,
- eine Abfindung,
- ein Coaching,
- ein Out- oder New-Placement zur Unterstützung bei der Stellensuche,
- evtl. eine Freistellung
- o. ä. m.

Dabei wird Ihre angebotene Unterstützung auch vom Kündigungsgrund abhängen. Aus disziplinarischen Gründen entlassene Mitarbeiterinnen werden kaum auf Ihre Unterstützung hoffen können. Eine Mitarbeiterin, die ihre Ziele nicht erreichen konnte, sich aber stets einsetzte, schon.

Bei einer größeren Anzahl von Entlassungen aus praxisbedingten Gründen bedarf es eines Sozialplanes, der meist eine Reihe von Unterstützungsmaßnahmen offerieren muss. Dazu kommt es allerdings erst, wenn Sie 10 oder mehr Mitarbeiterinnen beschäftigen. Die genaue Anzahl erörtern Sie am besten mit Ihrer Arbeitsrechtsberaterin.

Absprechen des weiteren Vorgehens
Im letzten Schritt besprechen Sie die administrativen Details der Kündigung, also das weitere Vorgehen, und vereinbaren, was in den Folgegesprächen vertieft werden soll:

Klären von ersten Rechtsfragen (Kündigungsfrist/Kündigungstermin)

Übergabe der vorbereiteten Unterlagen: Kündigungsschreiben mit Unterzeichnung der Empfangsbestätigung oder Auflösungsvereinbarung des Arbeitsverhältnisses

Terminvereinbarung für ein Folgegespräch, u. a. über administrative und organisatorische Fragen (Urlaub etc.) bis hin zur Frage, wie intern informiert wird

eventuell Vereinbarung über die verbleibende Zeit bis zum Austritt bezüglich Leistung und Verhalten

eventuell Besprechung der Freistellung

Praxisinterne Information
Wenn immer möglich, sollen Betroffene die Arbeitskolleginnen selbst über eine Kündigung informieren können. Dennoch kann – natürlich unter Wahrung des Persönlichkeitsschutzes – eine Information durch Sie selbst wichtig sein oder wichtig werden. Versprechen Sie also nie, die Kündigung geheimzuhalten, sondern vereinbaren Sie die entsprechenden Schritte. Zudem empfiehlt es sich oftmals, Kündigungen in der Arbeitsgruppe offen anzusprechen, um Gerüchten

vorzubeugen und Spielregeln festzulegen, wie sich die einzelnen Mitarbeiterinnen gegenüber den gekündigten Mitarbeiterin verhalten sollen. Insbesondere soll vermieden werden, dass dumme Sprüche und Ausgrenzungen vorkommen.

9.1.4 Und so könnten Sie auf die häufigsten Fragen und Einwände reagieren

In Anlehnung an Pürstinger (2018), der in seinem Leitfaden für Kündigungsgespräche in Wirtschaftsunternehmen häufige Fragen und Einwände benennt, finden Sie nachfolgend eine auf die Arzt- und Zahnarztpraxis bezogene Aufstellung:

Sachliche Fragen und Einwände
„Wer hat diese Entscheidung eigentlich getroffen?"
„Ich habe mir die Entscheidung nicht leicht gemacht, ich habe sie sorgfältig vorbereitet und bin zu dem Schluss gekommen …" Oder bei mehreren Inhaberinnen:
„Wir haben uns die Entscheidung nicht leicht gemacht. Wir haben sie mit … sorgfältig überlegt, diskutiert und dann gemeinsam beschlossen."
„Wie lange kann ich noch in der Praxis bleiben? Bis wann läuft mein Vertrag?"
„Die Kündigungsfrist, wie sie in deinem Arbeitsvertrag steht, werde ich einhalten, d. h. in deinem Falle … Allerdings möchte ich Dich zum … freistellen, damit Du Deine gesamte Zeit für die Suche nach einer neuen Aufgabe außerhalb der Praxis einsetzen kannst."
„Bin ich definitiv entlassen?"
„Ja, ich muss Dir zu meinem Bedauern die Kündigung aussprechen." *„Du hast richtig verstanden, ich werde das Arbeitsverhältnis mit Dir zum … auflösen."*
„Warum gerade ich? Warum hast Du gerade mich ausgewählt?"
„Die Kündigung ist die Folge, die ich Dir bereits in den vorangegangenen Kritikgesprächen vorangekündigt habe."
„Was kann ich gegen die Entlassung tun? Ich werde mich wehren!"
„Nichts, Monika … Die Entscheidung ist definitiv gefallen."
„Sind auch andere Kolleginnen betroffen?"
„Informationen zu anderen Mitarbeiterinnen in der Praxis möchte ich Dir nicht geben. Ich bin überzeugt, Du hättest es auch nicht gern, wenn ich mit Kolleginnen über Dich sprechen würde."
„Ich möchte darüber mit deiner Partnerin reden, liebe Christina."

„Meine Partnerin ist, wie gesagt, in die Entscheidungsfindung eingebunden. Natürlich darfst Du gern mit ihr sprechen. Du wirst dort allerdings nichts anderes erfahren, als was ich Dir bereits gesagt habe."

„Ich möchte weitere Gespräche nur mit meinem Rechtsanwalt gemeinsam führen."

„Bitte gerne, es scheint sinnvoll, dass Du Dich beraten lässt und es ist möglich, dass Dein Rechtsanwalt direkt mit mir oder meinem Rechtsberater Kontakt aufnimmt. Darf ich Dir zunächst aufzeigen, was ich Dir konkret vorschlagen möchte?"

Gefühlsbetonte Einwände

„Ich bin im Leben der ewige Loser! Jetzt auch noch so was!"

„Wie betroffen Du bist, kann ich sehen und nachfühlen. Darf ich bitte erläutern, was ich für Dich in diesem Zusammenhang tun möchte?"

„Ich hab es gespürt. Du konntest mich noch nie leiden und jetzt willst Du mich auf die billige Art loswerden!"

„In den vergangenen Jahren hat es zwischen uns immer wieder Meinungsverschiedenheiten gegeben – das stimmt. Für die Entscheidung zur Trennung von Dir waren sie nicht ausschlaggebend. Dein Arbeitsplatz entfällt ... und ich kann Dir keine Alternative anbieten."

„Wie kannst Du mir das nach so vielen Jahren antun?"

„Ich kann Dir den Zusammenhang gern nochmals erläutern. Diese ... Reorganisation und Umstrukturierung ist aus ... Gründen erforderlich."

Aggressive Einwände

„Von Dir als meine Chefin und Mensch bin ich sehr enttäuscht! Du bist ein echtes Schw…"

„Monika, ich versichere Dir, dass ich die Trennung nicht ausgesprochen hätte, wenn unsere Gespräche bei Dir auf fruchtbaren Boden gefallen wären. So tue ich, was ich für den Fall angekündigt habe, in dem keine Änderung erkennbar wird ..."

„Das kannst Du doch nicht tun, das ist unfair!", oder: „So leicht kommst Du mir nicht davon!"

„Deine Verärgerung kann ich durchaus verstehen. Auch Deine Verletzung nehme ich wahr." (Danach, nach einer Pause: Fragen stellen.)

„Ich werde Dich verklagen. Meine Beurteilungen waren doch immer gut bis sehr gut!"

„Nach wie vor halte ich Dich für eine gute Mitarbeiterin und dies werde ich auch in Deinem Zeugnis zum Ausdruck bringen. Die Situation in der Praxis ... veranlasst mich allerdings zu der getroffenen Entscheidung."

„Warum sagst Du mir das jetzt erst?"

„Deine Wut kann ich verstehen. Lass uns bitte zunächst in der nächsten Viertelstunde über die Rahmenbedingungen reden, wie wir bisher auch konstruktiv miteinander geredet haben."

„Ich muss ausbaden, was das Du verbockt hast! Jetzt bin ich die Blöde!"

„Die Situation der Praxis ist heute so, wie ich Sie Dir dargestellt habe. Wie kann ich die Informationen ergänzen?"

„Ich bin nicht bereit, Deine Almosen anzunehmen und die Praxis zu verlassen!"

„Das faire Angebot, das ich Dir unterbreitet habe, solltest Du bitte jetzt erst einmal prüfen lassen. Ein Verhandlungsspielraum ist nicht mehr gegeben."

Einwände und Suche nach Alternativen

„Ich kann nicht verstehen, warum ich nicht eine Chance bekomme, dieses Mal werde ich mich bestimmt ändern."

„Ich habe die Möglichkeit, Dich weiter zu beschäftigen, sehr genau durchdacht, bevor ich über die Trennung entschieden habe. Meine Entscheidung ist unverhandelbar ..."

„Du wirst doch Ersatz suchen, kann ich mir vorstellen!"

„Ja, es stimmt, ich werde Ersatz suchen und finden. Dich weiter zu beschäftigen und Dir ein neuerliche Chance einzuräumen, kommt für mich nicht infrage. Wir haben gesprochen, Du hattest Deine Chancen und jetzt habe ich mich entschieden."

„Du hast mir seinerzeit versprochen, dass ich bei Dir Karriere machen kann! Was ist jetzt?"

„Als ich Dich ... eingestellt habe, haben wir gemeinsam, wie in der Zeit danach, viele Gespräche für Deine Entwicklung geführt und Entwicklungen angestoßen ... Doch nun ist meine Geduld aufgebraucht."

Ausdruck der Existenz- und Zukunftsängste

„Meine Arbeit ist alles, was ich habe, mein einziger Lebensinhalt!"

„Das stimmt, Du hast Dich über das normale Maß hinaus in der Praxis engagiert. Das möchte ich so weit wie möglich berücksichtigen. Ich helfe Dir, so schnell wie möglich eine neue Stelle zu finden."

„Du hast mich völlig ruiniert! Das geht doch nicht mit rechten Dingen zu!"

„Ich möchte genau verstehen, wie Du jetzt zu dieser Entscheidung gekommen bist. Bitte erkläre mir, was Du genau mit „ruiniert" meinst? Mit der Abfindung möchte ich Dich für eine gewisse Zeit absichern und durch das Coaching wirst Du bei der Suche nach einer neuen Aufgabe unterstützt."

„Wie soll ich das meinen Kindern und meinen Nachbarn erklären?"

„Lass uns gemeinsam nachdenken. Was hast Du Deiner Familie über die Kritikgespräche erzählt?

„Bei den Arbeitslosenzahlen, wie sie jeden Tag in der Zeitung stehen, habe ich doch überhaupt keine Chancen mehr!"

„Die Lage in der... Branche ist zurzeit eher gut, besonders in unserer Region. Dennoch biete ich Dir für Deine berufliche Neuorientierung ein professionelles Coaching an."

„Ich kann nicht umziehen, ich habe hier ein Haus und meine kranke Mutter."

„Im Moment ist noch nicht gesagt, dass Du umziehen musst. Lass uns gemeinsam nachdenken, welche ... „

„Was willst Du jetzt für mich tun?"

„Ich habe mich in der Vereinbarung verpflichtet, eine ganze Reihe von Maßnahmen für Deine berufliche Neuorientierung anzubieten. Darf ich diese erläutern? Einzelheiten können wir gern in einem Folgegespräch klären."

„Wer macht eigentlich ab .... meine Arbeit? Wer soll mich ersetzen?"

„Ja, es ist bitter, auch für mich. Ich werde zunächst ohne Dich auskommen und die Arbeit auf andere Mitarbeiterinnen verteilen müssen."

9.2   Und so könnten Sie Ihr Kündigungsgespräch führen

1. Positive Gesprächseröffnung
„Schön, dass Du kommen konntest. Danke."

Negative Tatsache(n) neutral ansprechen (bitte keine Abrechnungen!)
„Dies ... (Umstände schildern) entspricht einmal mehr nicht dem, was wir miteinander vereinbart haben."

3. Ich-Botschaften
„Mein Gefühl dabei wird zunehmend schlechter! Ich möchte, dass wir uns auch zukünftig noch in die Augen schauen können."

4. Unwiderrufliche Kündigung aussprechen
„Ich kündige deshalb das Arbeitsverhältnis mit Dir gemäß Kündigungsfrist ... (Frist angeben) zum ... (Datum). Diese Entscheidung ist unwiderruflich."

5. Konkreter Verbleib bzw. konkretes, weiteres Vorgehen
„Du wirst mit sofortiger Wirkung freigestellt." Oder (falls das nicht infrage kommt): „Was wirst Du in der verbleibenden Zeit tun, damit die Patientenzufriedenheit nicht gestört wird?"

6. Begleitung
Lassen Sie die Betroffene nach dem Kündigungsgespräch nicht allein. Organisieren Sie, dass jemand bei ihr ist.

7. Nachgespräch anbieten
„Wir können später Noch mal miteinander reden, um die Formalien zu klären."

8. Positiver Abschluss
„Danke, dass Du Dir Zeit genommen hast."

Diesen und andere Leitfäden und Checklisten für Ihre Gespräche finden Sie auch auf der Website www.kockundvoeste.de zum Download zur Verfügung gestellt. Sie fußen auf dem Vortrag von Stephan Kock mit dem Titel: „Mitarbeitergespräche leicht gemacht".

> **Checkliste – Vorbereitung Ihres Kündigungsgespräches**
> Sind die benötigten Unterlagen vollständig vorhanden?
> Habe ich mich auf mögliche Notizen vorbereitet?
> Steht mein Gesprächsleitfaden für das Gespräch?
> Ist klar, wo das Gespräch stattfinden soll?
> Ist klar, wann das Gespräch stattfinden soll?
> Ist klar, wer ggf. noch an dem Gespräch teilnehmen sollte?
> Sind die ggf. nötigen Teilnehmerinnen eingeladen?
> Ist klar, wie ich mögliche Unterbrechungen (Telefon, Mitarbeiterinnen, etc.) vermeide?
> Werde ich einen Kaffee oder ein anderes Getränk anbieten?
> Habe ich die Einladung ausreichend vorher ausgesprochen/versandt?
> Habe ich klargestellt, wie lange das Gespräch dauern wird?
> Bin ich gut auf Einwände oder Ähnliches vorbereitet?
> Habe ich eine klare Vorstellung von einem für mich guten Ergebnis?
> Ist mir ausreichend klar, wie ich das Gespräch beende?

Zu guter Letzt

Noch mal würde ihr das nicht passieren, dass sie einer Mitarbeiterin so zwischen Tür und Angel die Kündigung mitteilte. Aber so war es nun mal. Sie hatte es nicht besser gewusst. Am Ende war sie erleichtert, dass Monika die Praxis verlassen würde und sie sich zu diesem, wenn auch unangenehmen, Gespräch hatte durchringen können. Sicher war dies nicht ihr bester Tag gewesen, aber es ist eben auch noch keine Meisterin vom Himmel gefallen.

Am Abend, sie saß gerade mit ihrem Tablet auf dem Sofa, fragte Peter sie, was sie für sich aus dieser Erfahrung mitnahm. Eine gute Frage, dachte sie. Dass Kündigungen dazugehörten, das hatte sie nun verstanden und erlebt. Doch zu denken, dass ein solches Gespräch kurz vor dem Nachhausegehen geführt werden könne, das war ein Irrtum. Sie entschied sich, nie wieder unvorbereitet, unangemessen und unpassend in ein Kündigungsgespräch zu gehen. Und während sie so über Peters Frage nachdachte, ertappte sie sich dabei, im Internet nach Trainingsangeboten und/oder Literatur zu schauen, die ihr helfen würden zu lernen. Das hätte sie bei der Praxisübernahme nie gedacht. Sie dachte, sie hätte alles, was benötigt werden würde, um eine Praxis erfolgreich zu führen. Wie hatte in einem Seminar der Referent gesagt? „Man sucht Mitarbeiterinnen und es kommen Menschen. Ja, und dann, dann fangen die Probleme an." Wie wahr.

Literatur

Geropp, B. Kündigungsgespräch – 7 Fehler, die Ihnen als Chef nicht passieren sollten! https://www.mehr-fuehren.de/kuendigungsgespraech-7-fehler/. Zugegriffen: 12. Dez. 2017.

Kock, S. F. (2015). *Mitarbeitergespräche leicht gemacht*. Vortrag, Berlin.

Müller, A. (2017). Kündigung Arbeitgeber: Entlassungen sind kein Routinegeschäft. (24. Mai) https://www.weka.ch/themen/personal/kuendigung-arbeitszeugnis/kuendigung-abwickeln/article/kuendigung-arbeitgeber-entlassungen-sind-kein-routinegeschaeft. Zugegriffen: 5. März 2018.

Pürstinger, Dr. Robert: Personal-Anpassung – Trennungsgespräche konsequent und fair führen. Österreich. http://www.pmp.co.at/pmp/wp-content/uploads/hb_08_05_das_trennungsgespraech1.pdf. Zugegriffen: 22. Okt. 2018.

Roger, F. (Hrsg.) & William, U. (1981). Harvard-Konzept. New York: Penguin. https://www.afa-anwalt.de/arbeitsrecht-ratgeber/kuendigung/ausserordentliche-kuendigung. Zugegriffen: 5. März 2018.

Wachter, T. (2017). Kündigungsgespräch: Schonende Trennung. (28. Juli). www.weka.ch/
    themen/personal/kuendigung-arbeitszeugnis/kuendigung-abwickeln/article/kuendigungs-
    gespraech-schonende-trennung. Zugegriffen: 12. Dez. 2017.
www.weka.ch/themen/personal/kuendigung-arbeitszeugnis/kuendigung-abwicklung.
    Kündigungsgespräche: Schritt für Schritt durch das Kündigungsgespräch. Schweiz
    2015.
www.weka.ch/themen/personal/kuendigung-arbeitszeugnis/keundigung-abwicklung.

Neue Mitarbeiterinnen finden – Bewerbungsgespräche

10

Stephan F. Kock

If you think, it's expensive to hire a professional, wait until you hire an amateur.

(Red Adair)

© Tatjana Stefanowsky

© Springer Fachmedien Wiesbaden GmbH, ein Teil von Springer Nature 2019
S. F. Kock et al., *Wir müssen reden ...*,
https://doi.org/10.1007/978-3-658-22583-4_10

Kennen Sie das auch?

Endlich war Monika raus, das hatte aber auch genervt. Jetzt gab es, nach lan-
gem Suchen, eine vielversprechende Bewerberin. Teuer. Sehr teuer, aber was
soll's, Monika musste ersetzt werden. „Hoffentlich ist die Frau auch gut", dachte
sich Christina, bevor das Vorstellungsgespräch begann und sie die Bewerberin
in ihr Besprechungszimmer bat. Wo waren doch gleich die Bewerbungsunter-
lagen? Christina war sich sicher, dass sie hier irgendwo rumliegen mussten.
Sicher war es besser, diese auch gelesen zu haben, bevor das Gespräch begann.
„Mann, wieso nur dieser Termin?" Die Praxis war voll und eigentlich hatte sie
gar keine Zeit für ein langes Gespräch. Die Probezeit würde schon zeigen, was
die Bewerberin konnte.

Dann war es soweit. Die Bewerberin kam rein. Der erste Eindruck passte
schon, aber irgendwie war da etwas, das Christina nicht einordnen konnte.

Christina fragte die Bewerberin nach deren Lebensgeschichte: „Erzählen
Sie mal ein bisschen was von sich", sagte sie. Die junge Frau sah ganz okay
aus, aber die Fingernägel und das Tattoo. Das ging gar nicht. Wie sollte die
Frau denn schnell mal etwas in den PC eingeben? Aber, wenn sie konnte, was
sie in ihrer Bewerbung – die Unterlagen fand Christina glücklicherweise unter
einem Stapel Papier und konnte einen, wenn auch kurzen, Blick darauf werfen –
geschrieben hatte, dann war heute für Christina ein Glückstag. So wahnsinnig
viel Erfahrung hatte die Bewerberin in den letzten Jahren gesammelt und auch
in der großen Praxis von F. hatte sie schon gearbeitet. F. war bekannt dafür,
dass seine Praxis lief, sehr groß war und mit Sicherheit viele Verwaltungs- und
Praxismanagerin-Aufgaben bereithielt. Wer es dort geschafft hatte, der würde es
sicher auch bei ihr schaffen.

Eigentlich müsste man nur über die Formalien reden, denn hatte sie eine
Wahl? Nein. Der Markt für Mitarbeiterinnen war so was von abgegrast, da
konnte man froh sein, überhaupt jemanden zu finden. Also fragte Christina die
Bewerberin nach deren Erfahrungen, nach dem frühestmöglichen Einstiegs-
termin, nach den Gehaltswünschen, dem Familienstand etc. Viel Zeit war ja ohne-
hin nicht, schließlich war die Praxis voll und die Patienten konnten nicht noch
länger warten. Christina erklärte dann noch, wieso es diese Stelle überhaupt gab,
wie groß das Praxisteam ist, welche Aufgaben auf die Bewerberin als Praxis-
managerin zukommen, dass sie die Praxis vor gar nicht all so langer Zeit über-
nommen hatte und dass mit der Bewerberin das Team komplett sei und ihren
Wünschen entspräche. Fragen stellte die Bewerberin überhaupt keine, oder hatte
sie ihr keine Möglichkeiten dafür eingeräumt? Dann noch die Sache mit dem

Vertrag, das könnte die Neue gleich selbst regeln. Die Bewerberin bedankte sich zum Abschluss höflich. Christina musste nun dringend zurück zu den Patienten und der eigentlichen Arbeit. Sie wollte „arzten", nicht managen, denn dann hätte Sie BWL studiert. Während sie schon zum Aufbruch blies – die Patienten wurden sicher schon unwirsch –, sagte sie noch, dass die Bewerberin sich melden solle, um den Vertrag zu unterzeichnen.

Auch nach zwei Wochen hatte sich die Bewerberin nicht wieder gerührt. Komisch, es war doch eigentlich alles klar. „Nun", dachte Christina, „wer nicht will, der hat schon."

Was war passiert?

Häufig verzichten Praxisinhaberinnen darauf, sich auf Vorstellungs- oder Bewerbungsgespräche vorzubereiten. *(Die Praxis war voll und eigentlich hatte sie gar keine Zeit für ein langes Gespräch.)* Bedauerlich, denn so kann es dazu kommen, dass eine wesentliche Investitionsentscheidung anhand viel zu weniger oder schlechter Daten getroffen wird. Wenn es stimmt, dass Mitarbeiterinnen das Rückgrat einer jeden Praxis sind, sich Praxisinhaberinnen auf jede einzelne Mitarbeiterin verlassen können müssen, dann ist es umso wichtiger, ein Bewerbungsverfahren zu etablieren, das den Praxisbetreiberinnen hilft, die passende Kandidatin für die richtige Stelle zu finden und zu binden. Die Probleme, mit denen alle Gründerinnen mehr oder weniger konfrontiert sind: Sie führen die Praxis in Personalunion, sind Chefin, Personalabteilung, Marketing, Abrechnung und vieles mehr in einem. Zudem fehlt es oft an Zeit oder auch an Erfahrung, um schwache bzw. ungeeignete Bewerberinnen auf Anhieb zu durchschauen und auszusortieren (Bast 2017). Eine gute Vorbereitung auf ein Bewerbungsgespräch ist daher wichtig und zielführend, handelt es sich doch um eine wesentliche Investition in die Ressourcen einer jeden Praxis. Mal angenommen, eine erfahrene Praxismanagerin erhält 3500 € im Monat zuzüglich der Lohnnebenkosten in Höhe von ca. 21 %, dann investiert eine Praxisinhaberin in fünf Jahren bei 12 Gehältern pro Jahr gut 254 €. Das ist eine große Summe und ihr Einsatz will vermutlich gut überlegt sein. Dennoch zeigt die Beratungserfahrung, dass deutlich mehr Zeit, Beratung oder Gedanken in Fragen der Gründungs-, Übernahme- oder auch Expansionsfinanzierung gesteckt wird. Angemessen? Die einen sagen so, die anderen sagen so.

Die Praxisbegleitung und die eigene Freiberuflichkeit haben gezeigt, dass wenig so nervenaufreibend, so praxisschädigend und teuer ist wie sich für unpassende Mitarbeiterinnen zu entscheiden.

10.1 Wo können Sie bei Bedarf unter anderem geeignete Mitarbeiterinnen finden?

Immer noch beliebt und sehr oft genutzt ist die Ausschreibung einer Stelle in der Tagespresse. Möglich, manchmal hilfreich, doch nicht immer zielführend.

Zum Beispiel gibt es Jobbörsen im Internet. Um neue Talente für ihre Praxis zu finden, setzen schon viele Praxisinhaberinnen auf digitale Unterstützung. Sie platzieren ihre Angebote in Stellenanzeigen auf Jobportalen, um so eine breite Masse an Jobsuchenden zu erreichen. Auf der Suche nach Fachkräften sind spezialisierte Jobbörsen überdies sehr hilfreich.

Auch soziale Netzwerke entwickeln sich zunehmend als „Joblieferanten". Der Pool der möglichen Bewerberinnen ist sehr groß – und je nach Netzwerk auch jung. In einem sozialen Netzwerk gepostet, verweisen diese Seiten auf die Praxishomepage, über die die Bewerberin direkt in Kontakt mit Ihnen treten kann. So könnten Sie in einem sozialen Netzwerk allgemeine Informationen über Ihre Praxis, das Bewerbungsverfahren und Ansprechpartner veröffentlichen. Jüngst begleiteten wir eine Praxis, die sogar Inhalt in Form von Video, Foto und Steckbrief zum angebotenen Job postete.

Es soll auch Kolleginnen geben, die mit anderen Praxen kooperieren, um dort gelegentlich eine passende Bewerberin zu identifizieren. Ein Zugang, der durchaus geeignet erscheint.

Nicht zu unterschätzen ist das „Employer Branding". Hier pflegen Sie Ihre Arbeitgeberinnenmarke analog zu Ihrer Praxismarke. Diese Pflege dient dazu, die Attraktivität Ihrer Praxis sowohl für das bestehende Team als auch für zukünftige Mitarbeiterinnen zu betonen. Identifizieren sich Ihre Mitarbeiterinnen mit Ihnen und Ihrer Praxis, bleiben sie Ihnen länger erhalten. Es gilt Mitarbeiterinnen nach einer erfolgreichen Findung auch langfristig zu binden. Das wird Ihnen leichterfallen, wenn Sie Ihre Leistungsversprechen an die Mitarbeiterinnen einhalten, eine angemessene Bezahlung sicherstellen, Entwicklungsmöglichkeiten und eine ausgewogene Work-Life-Balance schaffen. Auch moderne Praxisausstattung, flexible und familienfreundliche Arbeitszeiten oder andere „Goodies" können da helfen.

Als Beispiel dient hier eine Praxis, die einen Betriebskindergarten mit Kolleginnen eröffnete, die Mitarbeiterinnen mit Diensthandys ausrüstete, allen Mitarbeiterinnen E-Mail-Accounts einrichtete, flexible Vergütung für alle (!) Mitarbeiterinnen sicherstellte, regelmäßige Mitarbeitergespräche zu verschiedenen Anlässen einführte und ein entlastendes Dienstplansystem etablierte.

Wie würden Sie selbst folgendes Vorgehen einschätzen?

Egal, welchen Weg Sie für die Suche beschreiten, es gibt Erfahrungen, die deutlich machen, dass Stellenanzeigen mit Schönheitsfehlern auch okay sein können. Sollten Sie sich auf Online-Bewerbung fokussieren, denken Sie daran, dass es dabei nicht auf eine einfache Bedienbarkeit, selbsterklärende Formulare und wenige Klicks bis zum Bewerbungsabschluss ankommt. Vielmehr darf es komplex sein, so trennen Sie schon die Spreu vom Weizen.

Natürlich könnte man sich auf Bewerbungsgespräche aufwendig vorbereiten, Notizen zur Bewerberin und zur ausgeschriebenen Stelle machen. Aber lohnt sich diese Mühe für zig Kandidatinnen, wenn es am Ende doch nur eine werden kann? Effektiver sind daher Interviews aus dem Stegreif. Warten Sie erst einmal ab, ob die Bewerberin überhaupt erscheint. Dann erst organisieren Sie einen Raum. Falls keiner verfügbar ist, können Sie das Interview auch direkt am Empfang in der Praxis abhalten. So bekommen die Bewerberinnen auch gleich ein authentisches Gefühl für die Arbeitsatmosphäre und lernen die restlichen Kolleginnen kennen, die sie übrigens auch gerne dazuholen können (16 Augen sehen sicher mehr als zwei!). Während die Kolleginnen die Neue beschnuppern, haben Sie außerdem Zeit, sich ihre Bewerbung durchzulesen.

Gute Interviewführung will gelernt sein. Viele Praxisinhaberinnen machen den Fehler und orientieren sich an weichgespülten Ratgebern, die sich auf ein neues, selbstbewusstes Selbstverständnis der Generation Y berufen. Aber sind wir doch mal ehrlich: Nicht Sie wollen etwas von der Bewerberin, sondern sie will etwas von Ihnen. Also sollten Sie auch den Ton im Gespräch vorgeben. Small-Talk ist zwar nett, wirkt jedoch schnell unprofessionell. Machen Sie von Anfang an klar, wer Chefin und wer Bewerberin ist. Sie stellen die Fragen, nicht umgekehrt. Hierbei sollten Sie nach dem Motto „Viel hilft viel" vorgehen. Je mehr Fragen Sie stellen, umso mehr erfahren Sie über die Kandidaten. Ist Ihnen die Bewerberin unsympathisch, machen Sie gleich Nägel mit Köpfen und treffen Sie für sich eine Entscheidung aus dem Bauch heraus. Jedes weitere Gespräch wäre hier sicher bloß verlorene Zeit.

Alle sprechen immer von „zeitnaher Rückmeldung" bei Bewerbungsverfahren. Bewerberinnen sollen schnellstmöglich Feedback zum Stand ihrer Bewerbung bekommen. Doch was heißt das eigentlich? Hat Großmutter nicht immer gesagt: Gut Ding will Weile haben? Eben! In unserer schnelllebigen und hektischen Arbeitswelt wissen auch Bewerberinnen etwas Ruhe und Ungestörtheit zu schätzen.

Belästigen Sie sie also nicht mit unnötigen Mails oder Anrufen. Und was Bewerbungsabsagen betrifft: Keine Antwort ist natürlich auch eine Antwort. Ein Image als attraktiver Arbeitgeber ist sowieso völlig überbewertet, oder?

Sie denken, dass passiert nicht? Sie irren. Das passiert. Doch welche Bedeutung würden Sie einem Jobangebot beimessen, das von solch einer Einstellung geprägt ist? Mal angenommen, Sie denken: *„So nicht mit mir."* Wie kommen Sie dann ggf. auf die Idee, einer Bewerberin könnte es anders gehen als Ihnen?

10.2   Vor dem Bewerbungsgespräch gehören eine Stellenbeschreibung und ein Anforderungsprofil

Wenn Sie eine Stellenausschreibung formulieren, hilft es, wenn Sie zuvor das Aufgaben- und Anforderungsprofil erstellen (Doch zu denken, dass ein Bewerbungsgespräch kurz vor dem Nachhausegehen geführt werden könne. Ohne Vorbereitung. Ohne Grundlagen. Ohne Fahrplan. Das wäre ein Irrtum.) Daraus leiten Sie die Stellenbeschreibung und die Stellenausschreibung ab. Wie Sie Schritt für Schritt ein Anforderungsprofil entwickeln, welche Inhalte in eine Stellenausschreibung gehören und worauf es bei der Formulierung der Stellenanzeige aus rechtlicher Sicht ankommt, dazu im Folgenden mehr.

Eine Stellenbeschreibung – wozu das eigentlich?
Zunächst wäre es hilfreich, wenn es schon ein Leitbild Ihrer Praxis als Fundament gäbe. Es erhöht die Dauerhaftigkeit. Ihre Stellenbeschreibungen grenzen alle Stellen inhaltlich und organisatorisch gegeneinander ab, definieren Ziele und Aufgaben. So vermeiden Sie sinnlose Mehrfachaufgaben und Konflikte und schaffen klare Verantwortlichkeiten. Eine Stellenbeschreibung hat eine Gültigkeit von zwei bis fünf Jahren, abhängig davon, ob ein Leitbild existiert oder nicht. Sie profitieren in besonderer Weise von Ihren Stellenbeschreibungen, wenn Sie sich dabei an folgenden Punkten orientieren:

- eindeutig,
- zutreffend,
- ausführlich genug,
- verständlich,
- sachlich und
- einheitlich.

Die Voraussetzung für eine passgenaue Stellenbesetzung ist die exakte Kenntnis der Aufgaben, die zu bearbeiten sind, der Aufgabenumfang und die dazu erforderliche Zeit sowie die Anforderungen, die diese Aufgaben an die Mitarbeiterin stellen.

Es geht also um mehr als die Wahrnehmung, dass eine Mitarbeiterin fehlt oder zu wenig da ist. Es geht um die exakte Beschreibung der Aufgabe bzw.
die Stelle, die Sie zu vergeben haben. Mit Ihrer Stellenbeschreibung fixieren Sie ...

- ... das Ziel,
- die Aufgaben,
- die Entscheidungen,
- die Befugnisse und Grenzen,
- die hierarchische Über- und Unterstellung,
- die Verantwortung,
- die Vertretung und
- die Zusammenarbeit.

Anforderungsprofil entwickeln
Wenn Sie eine Stelle in Ihrer Praxis besetzen wollen oder nachbesetzen müssen, ist es mehr als sinnvoll, genau zu wissen, wonach Sie suchen. (Die junge Frau sah ganz okay aus, aber die Fingernägel und das Tattoo. Das ging gar nicht. Wie sollte die Frau denn schnell mal etwas in den PC eingeben?) Die wichtigste und durchaus schwierige Aufgabe der Personalbeschaffung ist es, das Anforderungsprofil zu entwickeln und schriftlich zu formulieren. Beim Erstellen des Anforderungsprofils kommt es vor allem auf nachstehende Aspekte an:

Erfolgskritische Faktoren beschreiben
Beschreiben Sie die für das Anforderungsprofil erfolgskritischen Faktoren. Das sind die Anforderungen an die Bewerberin, die darüber entscheiden, ob der Job später sehr gut oder schlecht erfüllt wird.

Aufgaben und Tätigkeiten beschreiben
Bei der Beschreibung des Anforderungsprofils sind leere Schlagworte wie „dynamisch", „leistungsbereit" oder „teamfähig" nicht sehr hilfreich. Wichtig ist, dass Sie so konkret wie möglich sagen, was damit gemeint ist. Um das herauszuarbeiten, müssen die Aufgaben und Tätigkeiten, die für die zu besetzende Stelle typisch sind, klar sein. Also fragen Sie sich, was genau die zu besetzende Stelle ausmacht und welche Bewerberin am besten dazu passen würde.

Anforderungsniveau bestimmen
Aus den Aufgaben und Tätigkeiten lässt sich das Anforderungsniveau ableiten. Es legt fest, in welcher Tiefe und wie umfassend oder selbstverständlich eine

Mitarbeiterin oder ein Mitarbeiter entsprechende Kompetenzen mitbringt; welche Erfahrungen wichtig sind, ob Grundkenntnisse ausreichen oder Expertenwissen in diesem Bereich entscheidend ist.

Was spricht also für das Erstellen von Anforderungsprofilen?

- Die gezielte Suche nach der am besten geeigneten Stelleninhaberin erfordert eine qualitative Beschreibung.
- Eine sorgfältige Beurteilung von Stellenbewerberinnen ist nur anhand von exakt definierten Anforderungsprofilen möglich.
- Nur mithilfe von Anforderungsprofilen kann die Bewerberin mit den jeweiligen Erfordernissen der Stelle verglichen werden.

(Aber wenn sie konnte, was sie in ihrer Bewerbung – die Unterlagen fand Christina glücklicherweise unter einem Stapel Papier und konnte einen, wenn auch kurzen, Blick darauf werfen – geschrieben hatte, dann war heute für Christina ein Glückstag.)

Wie könnte ein Anforderungsprofil für die Verwaltung einer Zahnarztpraxis aussehen?

- Persönliche Daten (Name, Alter, Familienstand u. ä.)
- Allgemeine Ausbildung (Schul- und Hochschulbildung, Berufsausbildung)
- Fachliche Zusatzausbildung (PZR, QMB, Fachverwaltungskraft o. ä.)
- Berufskenntnisse (Verwaltung, Assistenz, Labor o. ä.)
- Praxis und Erfahrungen (Softwarekenntnisse, Kommunikationstrainings o. ä.).
- Äußere Erscheinung (gepflegt, gewandt, sicher, kontaktstark o. ä.)
- Charaktereigenschaften (Verhandlungssicherheit, Umgangsformen o. ä.)

Ein Beispiel aus einer Mandantenpraxis kann die Wichtigkeit eines Anforderungsprofils verdeutlichen
Obwohl die Praxisinhaberin klare Vorstellungen von der Mitarbeiterin hatte, wurde eine – wesentliche – Anforderung vergessen: die Sprache.
Die Bewerberin hätte Türkisch sprechen können müssen. Ohne diese Qualifikation war die „Tauglichkeit" nicht gegeben. Aus erhoffter Entlastung wurde Belastung und nach kurzer Zeit kam es zur Trennung. Das war kostspielig, weil sowohl Zeit als auch Geld durch diese Ungenauigkeit vergeudet wurden.

10.3   Wozu dienen Bewerbungsgespräche eigentlich?

Menschen kommen, Menschen gehen. Es ist eigentlich normal, dass Sie Ihren Personalbedarf regelmäßig überprüfen und wenn möglich anpassen bzw. decken. Leicht fällt das, wenn Sie eine Mitarbeiterin verlieren, egal ob gekündigt oder kündigend. Eine Stelle wird frei und die muss adäquat nachbesetzt werden. Das erscheint einfach. Schwieriger wird es, wenn Sie als Inhaberin die Grenzen des Machbaren erreicht haben und Sie einfach mehr Mitarbeiterinnen gewinnen müssen, um die anfallende Arbeit an Patientinnen und der Praxis ableisten zu können. Dann benötigen Sie zusätzlich Unterstützung, wie beispielsweise Kapazitätsplanung, Stellenbeschreibungen und Anforderungsprofile, um Ihre Aufgaben adäquat erfüllen zu können.

Natürlich gibt es einige „gute" Gründe, die gegen planmäßiges Vorgehen bei der Einstellung sprechen (Wo waren doch gleich die Bewerbungsunterlagen?):

- kaum oder wenig Zeit,
- großer Unterschied zwischen Anforderungsprofil und Stellenbewerberin,
- wenige Recruitment-Know-how,
- fehlende Personalplanung und -entwicklung,
- Verständnis für die eigenen Bedürfnisse (Christina musste nun dringend zurück zu den Patienten und der eigentlichen Arbeit),
- „es ging bisher auch ohne",
- wirtschaftliche Situation der Praxis,
- etc.

10.4   Wie bereiten Sie sich am besten auf ein Bewerbungsgespräch vor?

Bewerbungsgespräche einfach zwischendurch zu führen, ohne Vorbereitung, ohne Grundlagenwissen, ohne Mindeststandards? Schwierig! Wer so vorgeht, darf sich nicht wundern, wenn nur Durchschnitt dabei rauskommt.

Es kann hilfreich für Sie sein, Mindeststandards für einen Lebenslauf zu erwarten.

Diese Mindeststandards wären zum Beispiel
- Persönliche Daten (Name, Geburtstag/-ort, Anschrift)
- Familienstand und Staatsangehörigkeit
- Beruflicher Werdegang (letzte Anstellung zuerst)

- Schul- und Ausbildung (auch Sozialdienst)
- Besondere Qualifikationen (Weiterbildung, Zertifikate, Sprachen)
- Interessen (Mitgliedschaften, soziales Engagement, Hobbys)
- Ort, Datum, Unterschrift
- alles zusammen hat nicht mehr als zwei Seiten?
- etc.

Natürlich gibt es auch Daten, die nicht in einen Lebenslauf gehören, hier einige Hinweise

- Angaben zu Eltern oder Angehörigen
- Beruf der Eltern
- Gehaltsvorstellungen
- der Begriff „arbeitslos" (besser: „arbeitssuchend")
- persönliche Kommentare zu Positionen (nur Fakten!)

Heute können Sie und mögliche Bewerberinnen dank Google viele Informationen zum Thema Bewerbung im Internet finden und nutzen. Bewerberinnen bereiten sich häufig auf ihr Bewerbungsgespräch vor. So finden diese im Internet folgende Hinweise zum Beispiel bei der Agentur für Arbeit:

Anschreiben

Im Anschreiben sollte die Bewerberin in der Lage sein zu beschreiben, warum sie sich für einen bestimmten Ausbildungsberuf oder eine bestimmte Stelle und für eben diese Praxis entschieden hat. Der Vermerk auf Hobbys oder andere Freizeitaktivitäten kann Ihnen einen Hinweis darauf geben, ob die Bewerberin eine Affinität für den angestrebten Beruf mitbringt. Auch persönliche Fähigkeiten – sogenannte Soft Skills – lassen sich aus den Interessen der Bewerberin ableiten. Darüber hinaus können Sie sich anhand des Anschreibens einen ersten Eindruck von den Formulierungs- und Rechtschreibkenntnissen der Bewerberin verschaffen.

Lebenslauf

Der Lebenslauf enthält die persönlichen Daten der Bewerberin, ihre schulischen Stationen, eventuelle Praktika oder Arbeit in anderen Praxen sowie Hobbys und Interessen. Anhand der Jahreszahlen lässt sich erkennen, ob die Bewerberin möglicherweise Klassen wiederholt hat. Auch fachliche Schwerpunkte sollten, sofern vorhanden, aufgelistet sein. Hat die Bewerberin die Berufe ihrer Eltern angegeben, was sie nicht muss, könnte dies ein Hinweis darauf sein, mit welchen Themen sich die Bewerberin schon im Elternhaus beschäftigt hat.

Zeugnisse
Schul-, Praktikums- und Arbeitszeugnisse zeigen die fachlichen Leistungen, die die Bewerberin bisher erbracht hat. Bei den Schulzeugnissen können Sie ein Augenmerk auf die Fächer legen, die für den Ausbildungsberuf wichtig sind. Praktikums- und Arbeitszeugnisse können Auskunft darüber geben, wie sich die Schülerin bzw. Bewerberin bei anderen Arbeitgebern verhalten hat. Insgesamt sollten bei der Auswahl der Bewerberinnen aber nicht nur die Noten und Bewertungen im Vordergrund stehen. Es zählt der Gesamteindruck.

Motivationsseite oder Dritte Seite
Die Dritte Seite ist kein Muss, ermöglicht es aber der Bewerberin, sich mit ihren Interessen, Zielen und bisherigen Erfahrungen ausführlicher als im Anschreiben vorstellen zu können. Sie erhalten so die Möglichkeit, neben den Noten und genannten Fähigkeiten durch weitere Einblicke in die beruflichen Wünsche und Vorstellungen der Bewerberin ein zusätzliches Entscheidungskriterium zu erhalten.

Foto
Wird ein Foto mitgeschickt, sollte es ein professionell aufgenommenes Bewerbungsfoto sein. Privatfotos oder Automatenfotos gehören nicht in eine Bewerbung. Wichtig für Praxisinhaberinnen zu wissen: Ein Foto ist keine Pflicht! Bewerberinnen, die kein Foto mitschicken, dürfen nicht benachteiligt werden.
    Ein Beispiel für eine Checkliste für Ihre Auswahl sehen Sie in Abb. 10.1 und 10.2.

10.5 Aus aktuellem Anlass

Es sei hier darauf verwiesen, dass seit dem 25. Mai 2018 die EU-Datenschutzgrundverordnung in Kraft getreten ist. Für Ihr Bewerbungsverfahren gelten neue Maßstäbe. So müssen Sie Bewerberinnen schon beim Eingang der Unterlagen über die Art der Datenerhebung und über einige andere Angaben informieren:

- Namen und Kontaktdaten der Verantwortlichen und ihrer Vertretung
- Kontaktdaten der Datenschutzbeauftragten
- die Zwecke, für die die personenbezogenen Daten verarbeitet werden sollen
- die Dauer der Datenspeicherung oder, falls dies nicht möglich ist, die Kriterien für die Feststellung dieser Dauer

Analyse der Bewerbungsunterlagen für folgende Stellen:				
Frau	Herr	Titel	Vorname	Nachname
Eingang am:	☐schnell	☐normal	☐verspätet	☐initiativ

Formelle Voraussetzungen:				
Erfüllt	☐ Ja:		☐ Nein:	
Welche fehlen:				

Ist Nachqualifizierung möglich bzw. sinnvoll?

_____

_____

_____

_____

_____

Vollständigkeit:	vorhanden	nicht vorhanden
Anschreiben		
Arbeitszeugnisse		
Beurteilungen		
Weiter-/Fortbildungsnachweise		
Foto (nicht verpflichtend)		
Lebenslauf		
Schul- und Ausbildungszeugnisse Ausbildungszeugnisse		

Sonstiges:

_____

_____

Äußeres Erscheinungsbild			
Unterlagen	☐ausreichend	☐durchschnittlich	☐schlecht

Sonstiges:

_____

_____

Abb. 10.1 Checkliste. (Quelle: Stephan Kock)

Anschreiben:			
Umfang	☐richtig	☐zu kurz	☐zu lang
Layout, Gestaltung	☐ansprechend	☐langweilig	☐unübersichtlich
Sprachlicher Ausdruck	☐fehlerfrei	☐kleine Fehler	☐fehlerhaft
Formulierungen	☐positiv	☐neutral	☐negativ
Selbstdarstellung	☐gut	☐schwach	☐zu stark
Motivation für Bewerbung	☐stark	☐vorhanden	☐nicht vorhanden
Erwartungshaltung	☐neutral	☐schwach	☐negativ

Lebenslauf::				
☐vollständig	☐nachvollziehbar	☐gut gegliedert	☐lückenhaft	☐viele Stellenwechsel

Bemerkungen:
_____
_____

Zeugnisse:				
☐sehr gut	☐gut	☐normal	☐mangelhaft	☐komplett
☐lückenhaft	☐schlecht sortiert	☐Auffälligkeiten	☐roter Faden erkennbar	☐erfüllt Anforderungen

Bemerkungen:
_____
_____

Staatliche Anerkennung/Berufserfahrung				
☐liegt vor	☐wird nachgereicht	☐fehlt	☐trifft nicht zu	
☐sehr gut	☐gut	☐normal	☐wenig	☐zu wenig

Fachliche Kenntnisse und Eignung/ Gesamteindruck:				
☐sehr gut	☐gut	☐normal	☐wenig	☐zu wenig
☐sehr gut	☐gut	☐normal	☐wenig passend	☐unpassend

Einladung zum Gespräch:		
☐ja	☐evtl. später	☐Absage, Unterlagen zurück

Abb. 10.2 Checkliste. (Quelle: Stephan Kock)

- Hinweis auf das Auskunftsrecht sowie das Recht auf Berichtigung oder Löschung oder Einschränkung der Verarbeitung
- Hinweis auf das Recht, eine erteilte Einwilligung zur Datenverarbeitung jederzeit zu widerrufen

Besetzen Sie eine frei gewordene Stelle, müssen Sie die Bewerbungsunterlagen vernichten oder zurückgeben. Ferner müssen die Daten der abgelehnten Bewerberinnen gelöscht werden. Dies muss nicht sofort geschehen, denn sollte eine abgelehnte Bewerberin Ansprüche aus dem Allgemeinen Gleichbehandlungsgesetz (AGG) geltend machen, müssen Sie die Daten aus dem Bewerbungsverfahren verfügbar haben. Eine Speicherung der Daten von bis zu sechs Monaten nach der Besetzung der Stelle wird deshalb meist als zulässig angesehen. Sollte eine längere Speicherung gewünscht sein, müssen Sie sich die ausdrückliche Zustimmung der Bewerberin einholen.

Ein Verstoß gegen die Rechtspflichten aus der EU-Datenschutzgrundverordnung kann je nach Verstoß mit hohen Geldbußen von bis zu 20 Mio. EUR oder vier Prozent des Umsatzes belegt werden.

Bewerbungsgespräche benötigen Vorbereitung
Die folgende Checkliste unterstützt Sie dabei, alle wichtigen Punkte im Blick zu behalten:

Checkliste – Vorbereitung von Bewerbungsgesprächen
Interview-Vorbereitung (Jobscout24 2017)
Absprache mit weiteren Personen, die am Verfahren beteiligt sind
Nochmalige Würdigung des Anforderungsprofils, der Stellenbeschreibung und der Bewerbungsunterlagen
Wichtige Aspekte, interessante Erfahrungen unklare Punkte in den Bewerbungsunterlagen markieren

Fragenkatalog vorbereiten
Arbeitsplatzbezogene Unterlagen vorbereiten (Stellenbeschreibung, Praxisflyer, Organigramm, Leitbild etc.)
Anstellungsbedingungen, Lohneinreihungs-Unterlagen bereitlegen
Ausreichend Zeit und geeigneten Raum vorhalten
Besichtigung der Praxis sicherstellen

Begrüßung
Gegenseitiges Vorstellen
Dank für die Bewerbung, für das Interesse an der Praxis
Vertraulichkeit erwähnen
Geplante zeitlichen Vorstellungsablauf schildern
Praxis und künftigen Arbeitsplatz vorstellen

Grund der Bewerbung
Motivation für Stellenwechsel ausloten
Erwartungen an neue Stelle abklären
Interessen und Schwerpunkte klären
Abgleich mit den Aufgaben an der Stelle
Persönliche/berufliche Zukunft klären
Abgleich mit den Entwicklungsmöglichkeiten an der Stelle
Evtl. andere Einsetzoptionen klären

Anforderungskriterien durchgehen
Berufliche Grundausbildung und Weiterbildungen überprüfen
Fachwissen, Berufserfahrung, Branchen- und Leistungskenntnisse checken
Zusatzwissen und -können klären (Sprachen, Praxissoftware etc.)
Persönlichkeitsmerkmale (Zuverlässigkeit, Zielstrebigkeit, Kommuni-
kationsstärke etc.) checken
Sozialverhalten abklären (Teamfähigkeit, Zusammenarbeit mit Inhaberinnen
etc.)
Körperliche und psychische Belastbarkeit einschätzen
Evtl. Führungserfahrung und -kompetenz abklären

Bewerbungsunterlagen durchgehen
Beruflichen Werdegang und Entwicklung besprechen
Gründe für Stellenwechsel
Interessante und unklare Punkte sowie Lücken klären

Familiäre und persönliche Verhältnisse (*wenn relevant*)
Arbeitsweg
Freizeit (Hobby, Sport, Vereinstätigkeit etc.)
Familiäre Situation
Nebenbeschäftigungen
Gesundheit, evtl. vertrauensärztliche Untersuchung

Fragen der Bewerberin oder des Bewerbers
Eingehen auf Fragen

Lohnfrage
Evtl. Lohn und Zulagen an jetziger Stelle klären
Lohnvorstellungen, Verhandlungsspielraum klären
Konkrete Offerte machen mit Grundlohn, Zulagen etc.
Lohnentwicklung besprechen

Arbeitsvertragliches besprechen
Anstellungsbedingungen
Urlaub, Arbeitszeit, Probezeit klären
Überstundenregelungen besprechen
Vertragspunkte durchgehen
Versicherungswesen und Sozialleistungen besprechen
Vergünstigungen und Ausbildungsmöglichkeiten besprechen
Mögliches Eintrittsdatum abklären
Berufsbegleitende Ausbildung/Kurse besprechen (laufende, geplante)
Referenzen erfragen

Besichtigung der Praxis und Besuch des Arbeitsplatzes
Stellenbeschreibung durchgehen
Gespräch mit direkter Vorgesetzter sicherstellen
Arbeitsplatz und Team kennenlernen
Dienstleistungen zeigen und erklären
Evtl. Schnuppertag vereinbaren

10.6   Fragen gehören zu jedem Bewerbungsgespräch

Nachdem Sie die schriftlichen Bewerbungsunterlagen auf „Herz und Nieren"
geprüft haben, gilt es nun, im Bewerbungsgespräch den ersten positiven Eindruck, den Sie gewonnen haben, zu überprüfen. Sie wollen wissen: *„Wer ist das
eigentlich, der mir da gegenübersitzt?"*
    Der Bewerberin geht es vermutlich ähnlich. Sie will herausfinden, ob Sie
und Ihre Praxis die Erwartungen erfüllen können, die Sie mit Ihrer Stellenbeschreibung weckten. So wie Sie kann sich auch eine Bewerberin gegen Sie

und Ihre Praxis entscheiden. Sie sind nicht die einzige Praxis, die attraktiv für mögliche Mitarbeiterinnen sein möchte. Der Wettbewerb um geeignete Mitarbeiterinnen ist allgegenwärtig und laut Studie der Stiftung Gesundheit 2017 ein echter Erfolgsfaktor. Es macht also Sinn, wenn Sie sich vorbereiten und die eine oder andere Frage „vom Stapel lassen".

Fachliche Fragen in Ihrem Bewerbungsgespräch

In meinem Beratungsalltag höre ich immer wieder, dass die fachliche Qualifikation entscheidend ist. Also macht es Sinn, dass Sie die Bewerberin nach Vorerfahrungen und Know-how, das für Ihre Praxis und die Ausübung der Stelle relevant ist, fragen. Geeignet sind darüber hinaus Fragen, die auf Qualifikationen und eigene Bewertung abzielen.

Fragen Sie zum Beispiel

- Weshalb sind Sie für diese Stelle bestens geeignet?
- Mit welchen Tools, Programmen, Geräten arbeiten Sie bisher/haben Sie in der vorherigen Praxis gearbeitet?
- Was zeichnet Sie für die offene Stelle aus?
- Welche Verantwortung tragen Sie in der aktuellen/trugen Sie in Ihrer vorherigen Stelle?
- Wie organisieren Sie sich und Ihre Arbeit?
- Was bringen Sie mit, was andere nicht mitbringen?
- Weshalb sollte sich mich für Sie entscheiden?
- Wie bilden Sie sich fort, um up to date zu bleiben?
- Wie arbeiten Sie am liebsten?
- Was war Ihr bislang größter Misserfolg? Was haben Sie daraus gelernt?

Fragen Sie zum Beispiel

- Wie kommt es, dass Sie sich hier bewerben?
- Was wissen Sie bereits über meine Praxis?
- Weshalb haben Sie sich auf die ausgeschriebene Stelle beworben?
- Was sind die guten Gründe für Ihren Wechsel?
- Was erwarten Sie sich von diesem Arbeitsplatz?
- Was mögen/mochten Sie an Ihrer bisherigen/vorherigen Tätigkeit?
- Was missfällt/missfiel Ihnen an Ihrer bisherigen/vorherigen Tätigkeit?
- Welche Gehaltsvorstellung haben Sie?

Fragen zur Persönlichkeit

Mal angenommen, Sie wollen einschätzen können ob Ihre Bewerberin zu den Zielen Ihrer Praxis passt, engagiert, ambitioniert und authentisch ist, oder Sie wollen einfach nur einen persönlichen Eindruck gewinnen, dann können Ihnen folgende Fragen helfen:

- Erzählen Sie etwas mehr über sich, wie kommt es, dass Sie heute hier vor mir sitzen? (Evtl. auch ein guter Gesprächseinstieg …)
- Welche Herausforderungen sehen Sie für sich in den kommenden 5 bis 10 Jahren?
- Wie verbringen Sie Ihre Freizeit?
- Welche Hobbys haben Sie?
- Wie sollte die ideale Arbeitsumgebung für Sie aussehen?
- Wer und was inspiriert Sie?
- Welchen Stellenwert hat Ihre Familie für Sie?
- Was schätzen Sie an anderen Menschen, worauf könnten Sie verzichten?
- Wie gehen Sie mit diesen Eigenschaften um?
- Was sagen Ihre Freunde, Ihre Familie Ihnen nach?
- Wofür hat meine Vorgängerin Sie geschätzt?
- Worauf hätte meine Vorgängerin gut verzichten können?
- Wovor fürchten Sie sich im Job?

Fang- und Stressfragen im Bewerbungsgespräch

Mal angenommen, Sie wollten Ihre Bewerberin unter Druck agieren sehen, getreu dem Motto: „Hart in der Sache, fair mit den Menschen." Dann könnten Sie sie provozieren oder herausfordern, um zu erleben, wie Ihre Bewerberin in solchen Situationen handelt. Sie könnten zum Beispiel fragen:

- Weshalb haben Sie Ihre Arbeitsstelle so häufig gewechselt?
- Weshalb wollen Sie Ihren Arbeitsplatz nach so überschaubarer Zeit schon wieder wechseln?
- Eigentlich passen Sie gar nicht zu meinem Jobangebot, weshalb haben Sie sich dennoch beworben?
- Wie schätzen Sie Ihre Chancen auf diesen Job ein?
- Wie kommen Sie auf die Idee im Team arbeiten zu können, obwohl Sie leitend tätig waren?
- Wie kommen Sie zu der Überzeugung, sich als Leitungsperson durchsetzen zu können?
- Wie ist Ihre Bereitschaft für Überstunden?
- Wie gehen Sie mit Kritik um?

Gibt es Fragen, die nicht gestattet sind? Wenn ja, welche sind das?
Ja, manche Fragen in Ihrem Vorstellungsgespräch müssen Sie sich verkneifen, weil sie nach dem Allgemeinen Gleichstellungsgesetz (AGG) verboten bzw. untersagt sind. Stellen Sie solche Fragen dennoch, dann dürfen Bewerberinnen die Unwahrheit sagen. Wird eine Lüge später offenbar, dann drohen der Bewerberin keine rechtlichen Konsequenzen. In Anlehnung an den Artikel „Unzulässige Fragen im Vorstellungsgespräch" von Basel (2017) finden Sie nachfolgend einige Beispiele für verbotene Fragen:

- Sind Sie verheiratet, geschieden oder Single?
- Sind Sie lesbisch oder heterosexuell?
- Wollen Sie Kinder?
- Was macht Ihr Partner beruflich?
- Was machen Ihre Eltern beruflich?
- Was ist Ihre ethnische Herkunft?
- alle Fragen über den aktuellen Gesundheitszustand
- Fragen zu Behinderungen, früheren Krankheiten, Krankheiten in der Familie
- Fragen zu persönlichen Ansichten
- Welcher Religion gehören Sie an?
- Sind Sie Parteimitglied?
- Sind Sie Mitglied einer Gewerkschaft?
- alle Fragen zum Privatleben
- Fragen zum Vermögen
- Fragen zu Konflikten mit dem Gesetz
- etc.

Mal angenommen, Sie wollten die Leistungsbereitschaft Ihrer Bewerberin unter die Lupe nehmen, wie könnte das gelingen? Es macht einen bedeutsamen Unterschied, ob eine kluge Mitarbeiterin Lust auf ihre Arbeit hat oder nicht. Wie also könnten Sie die Leistungsbereitschaft bzw. die Arbeitseinstellung Ihrer Bewerberin herausfinden? Durch Fragen!

Welchen Stellenwert haben Arbeit und Beruf für Ihre Bewerberin und was motiviert sie? Das im Bewerbungsgespräch herauszufinden, macht Sinn. Zudem macht es Sinn, diese Motivation mit den Angeboten Ihrer Praxis zu vergleichen, denn es sollte passen. Nur so können Sie sicher sein, dass die Bewerberin mit Ihrer Praxiskultur, Ihrem Praxisteam, Ihrem Führungsstil o. ä. m. kompatibel ist. Motivation und Arbeitseinstellung gehören, neben fachlichen und persönlichen Qualitäten, zu den wohl wichtigsten und erfolgsentscheidendsten Faktoren. Sie sind letztlich das verlässlichste und dauerhafteste Fundament, das eine Mitarbeiterin wirklich gute Leistung bringt und die Extrameile für Sie zurücklegt. Bedenken Sie dabei, dass Motivation von innen nachhaltiger wirkt als von außen.

Fragen zur Leistungsbereitschaft und Arbeitseinstellung
Folgende Fragen, wie sie beispielsweise in einem Artikel von Unger (2018a) plastisch beschrieben sind, können Ihnen helfen:

- Worauf legen Sie im Berufsleben besonderen Wert?
- Was bedeutet für Sie Erfolg?
- Auf welche Verdienste sind Sie weshalb stolz?
- Mit welcher Art Misserfolg tun Sie sich besonders schwer?
- Erzählen Sie mir etwas von einer schwierigen Situation an Ihrem letzten Arbeitsplatz und wie Sie damit umgegangen sind.
- Was glauben Sie, was Menschen wirklich zu Arbeit anspornt: Geld, Karriere, Berufung, Begeisterungsfähigkeit, Ehrgeiz oder anderes?
- Wieso glauben Sie, dass Sie diese Arbeit gern tun würden?
- Was, meinen Sie, ermöglicht wirklich gute Leistung?
- Welches sind für Sie die entscheidenden Aspekte in der Arbeit, in der von mir angebotenen Stelle?
- Was erwarten Sie von Ihrer neuen Aufgabe, was ist Ihnen davon am wichtigsten?
- Wie motivieren Sie sich?

Was, wenn die Bewerberin nachfragt? Rückfragen im Vorstellungsgespräch
„Welche Fragen haben Sie denn Ihrerseits noch an mich?" Diese Äußerung im Bewerbungsgespräch ist weit mehr als eine bloße Floskel. Wenn Sie diese Frage stellen, dann ist es sinnvoll, auch vorbereitet zu sein und antworten zu können. Häufig werden Fragen zum Bewerbungsvorgang, zu Arbeitsinhalten oder organisatorischen Dingen gestellt. Die Antworten dürften Ihnen vermutlich leichtfallen. So sehen sich Ihre Kolleginnen durchaus mit Fragen, wie in einem Artikel von Unger (2018b) beschrieben, konfrontiert:

- Weshalb ist die Stelle frei?
- Wie geht es im Bewerbungsverfahren weiter?
- Wann kann ich mit einer Entscheidung rechnen?
- Was wäre meine erste Herausforderung?
- Wie läuft die Einarbeitung?
- Welche Aufgaben würde ich übernehmen?
- Wie sieht ein typischer Arbeitstag auf dieser Stelle aus?
- Wer wäre meine direkte Vorgesetzte?

- Wie groß ist das Team?
- Welche Möglichkeiten der Weiterbildung gibt es bei Ihnen?
- etc.

Schwieriger sind Fragen, die Sie gegebenenfalls unvorbereitet treffen und bei deren Beantwortung Sie schon mal ins Stottern geraten können. Dies sind Fragen wie zum Beispiel:

- Was zeichnet Ihre Praxis aus?
- Wo sehen Sie Ihre Praxis in drei bis fünf Jahren?
- Wo sehen Sie jemanden wie mich in zwei bis fünf Jahren?
- Was ist der Teil des Jobs, der mich aus Ihrer Sicht am meisten frustrieren könnte?
- Was müsste ich tun, damit Sie in drei Monaten sagen: „Gut, dass ich Sie eingestellt habe!"
- Was müsste ich tun, damit Sie in drei Monaten sagen: „Raus, ich habe mich in Ihnen getäuscht!"
- Was ist die größte Herausforderung für Ihre Praxis in den kommenden Jahren?
- etc.

Halten Sie Ihre Eindrücke aus Bewerbungsgesprächen fest, damit Sie nicht Äpfel mit Birnen vergleichen
Sie sind regelmäßig auf der sicheren Seite, wenn Sie nach einem Bewerbungsgespräch Ihre Eindrücke und die gesammelten Ergebnisse festhalten. Ihre Dokumentation ermöglicht es Ihnen, die Bewerberinnen, wenn auch subjektiv, zu vergleichen und sich für die Geeignetste zu entscheiden. Eine solche Checkliste könnte wie in Tab. 10.1 aussehen.

10.7 Maßnahmen zur Bindung von Mitarbeiterinnen

Heute müssen Sie sich als Arbeitgeberin darauf einstellen, dass Ihre Attraktivität als Arbeitgeberin auf den Prüfstand kommt. So fragen Bewerberinnen zunehmend nach, welche Zusatzleistungen zur Mitarbeiterbindung, -entwicklung und -orientierung von Ihnen angeboten werden. *(Fragen stellte die Bewerberin überhaupt keine oder hatte sie ihr keine Möglichkeiten dafür eingeräumt?)*.

Ein alter Personalwitz sagt: *„Mitarbeiterinnen kommen wegen des Jobs – und gehen wegen der Chefin."* Der regelmäßig erhobene Engagement-Index von Gallup konstatiert, dass gefühlsmäßig nicht gebundene Mitarbeiterinnen am

Tab. 10.1 Bewerbungsgespräch dokumentieren

Kompetenz, Einzelanforderung	Ausprägung gering bis stark	Gewichtung (1 bis 5)	Gesamtpunktzahl Bewerberin durch Multiplikation	Zielpunktzahl Stelle	Bemerkungen
Formale Voraussetzungen	1 2 3 4 5				
Abschluss	3	3	9	12	
Weiterbildung	2	4	8	16	
Berufserfahrung	4	4	16	20	
Zwischensumme			33	48	
Fachliche Kompetenz					
Aktuelles Fachwissen	3	3	9	9	
Fähigkeit frühzeitiger Problemerkennung	4	4	16	16	
Strukturiertes und logisches Denken	2	3	6	20	
Vernetztes und integratives Denken	3	5	15	20	
Fachlich fundierte Problemlösung	4	4	16	12	
Abgrenzung der eigenen Kompetenzen	3	3	9	12	
Zwischensumme			71	81	

häufigsten wegen ihrer Chefin den Wechsel ihres Arbeitsplatzes erwägen. Laut den Erhebungen von 2015 haben 25 % aller Befragten aus diesem Grund den Arbeitsplatz sogar schon gewechselt. Klar, die Mitarbeiterin, die beim Anblick ihrer Chefin Beklemmungen bekommt, geht nicht gern zur Arbeit und schon gar nicht die Extrameile.

Damit Sie in Ihrer Praxis solche Erfahrungen nicht machen müssen, können Sie die nachfolgenden fünf Punkte berücksichtigen:

1. Etablieren Sie eine passende Mitarbeiterinnenführung.
2. Schaffen Sie kreative und fordernde Arbeitsbedingungen.
3. Sorgen Sie für ein attraktives Arbeitsumfeld.
4. Pflegen Sie flexible Arbeitszeitmodelle.
5. Entwickeln Sie Nachwuchs- und Förderprogramme.

Bedenken Sie auch, dass demotivierte Mitarbeiterinnen den Erfolg Ihrer Praxis erheblich bremsen, wenn nicht sogar komplett untergraben können. Es ist daher nur folgerichtig, ein paar Sätze über Mitarbeiterinnen-Motivation zu verlieren. Die Motivation der Mitarbeiterinnen durch höhere Gehälter oder Bonuszahlungen allein führt selten zu nachhaltigem Erfolg. Mehr Geld ist schnell ausgegeben und an eine höhere Entlohnung gewöhnen sich Mitarbeiterinnen angeblich innerhalb von zwei Monaten. Diese Motivationsanreize sind extrinsisch und können nur einen Teil eines umfassenden Motivationskonzeptes abbilden. Motivation, die lediglich auf Leistungs-/Belohnungs- oder sogar Drohebene aufgebaut ist, ist schlecht für die Mitarbeiterinnen und auch schlecht für Ihre Praxiskultur. Motivation ist immer Ergebnis guter Führung. Ihrer Führung.

Es existieren viele Missverständnisse bezogen auf die Motivation. Hier nur einige, wie ich sie auch in meinem Vortrag „Personalgespräche führe ich in meiner Praxis auch – nur wann und wie?" erläutere:

„Manch einer ist motiviert, ein anderer eben nicht."
Motivation ist kein Persönlichkeitsmerkmal, wie z. B. Musikalität. Motivation als Grundeigenschaft einer Persönlichkeit anzusehen, hieße die Unveränderbarkeit der Situation anzuerkennen.

„Ein gutes Gehalt ist die beste Motivation."
Dem ist leider nicht so. Zwar motiviert die Aussicht auf eine Gehaltserhöhung, jedoch erlischt diese Motivation meist schnell. An ein gutes Gehalt wird sich schnell gewöhnt.

„Motivation ist Manipulation."
Motivation lässt sich nicht mit Tricks herbeimanipulieren. Sie entsteht im Gegenteil nur dann, wenn faire und glaubwürdige Arbeitsbeziehungen bestehen, in denen sich eigene Bedürfnisse und Entwicklungsziele mit dem Unternehmensziel verknüpfen können. Führungskräfte und Praxisinhaber können dabei gute Rahmenbedingungen schaffen und weiterentwickeln.

Für die Motivation gibt es Prinzipien, die für alle Mitarbeiter gelten: Setzen Sie vor allem auf intrinsische Motivation, denn hier steht die Arbeit an sich im Mittelpunkt. Gehen Sie mit extrinsischer Motivation vorsichtig um, denn sie kann als Manipulationsversuch verstanden werden und verpufft sehr schnell. Achten Sie auf die Bedürfnisse Ihrer Mitarbeiter bzw. finden Sie diese heraus. Sehr schön und hilfreich das Beispiel einer Praxisinhaberin, der Mitarbeiterorientierung und -zufriedenheit wichtig ist. Sie entschied sich, einer Stelleninhaberin eine Dauerkarte für deren Lieblingsverein zu finanzieren, wenn bestimmte Voraussetzungen gegeben sein würden. Bedarfsorientiert. Wertschätzend. Anerkennend. Goldwert. Eine solche Vereinbarung ist nur dann zu treffen, wenn sich die Praxisinhaberin mit der Mitarbeiterin, deren Interessen und Wünschen beschäftigt und diese zu nutzen weiß.

Es gibt Grenzen. Die Persönlichkeit ist kaum beeinflussbar. Dies zu versuchen, ist Zeit- und Energieverschwendung. Der Fokus liegt deshalb darauf, die Praxisziele mit persönlichen Entwicklungen und Zielen zu verknüpfen und zielgerichtete, faire und fördernde Feedbackstrukturen zu entwickeln.

Motivierende Mitarbeiterführung enthält fünf Komponenten
1. Erarbeitung konkreter herausfordernder Ziele
2. Stärkung von Selbstvertrauen der Mitarbeiter
3. Gestaltung von Handlungsspielräumen
4. Ermöglichen und Forcieren von Entwicklungen
5. Gestaltung von konstruktivem Feedback

Schaffen Sie ein motivierendes Umfeld, in dem Sie Ihre Mitarbeiterinnen passend einsetzen. Delegieren Sie auch anspruchsvolle Aufgaben. Schaffen Sie Ihren Mitarbeiterinnen Freiräume. Beteiligen Sie Ihre Mitarbeiterinnen. Informieren Sie Ihre Mitarbeiter umfassend und schnell. Sorgen Sie für angemessene Kommunikation. Sorgen Sie für ein gutes Arbeitsklima. Verteilen Sie Aufgaben gerecht. Motivieren Sie über Ihr Verhalten.

So werden Sie sicher langfristig von Ihrer Investition in die passende Bewerberin profitieren. In deren und in Ihrem Sinne.

Zu guter Letzt
Als Christina am Abend zu Hause wie üblich auf ihrem Sofa saß und die Ereignisse des Tages auf sich wirken ließ, sagte sie zu Peter: „Es ist doch erstaunlich, dass sich all diese Gespräche, so unterschiedlich sie auch sind, sich zumindest in einem ähneln: Es braucht intensive Vorbereitung und Training." Peter schmunzelte und nahm sie in den Arm: „Wie hieß das noch ... Man sucht Mitarbeiterinnen und es kommen Menschen. Ja, und dann, dann fangen die Probleme an." Wie wahr.

Literatur

Basel, N (2017). Unzulässige Fragen im Vorstellungsgespräch. 03.11.2017 in Impulse. https://www.impulse.de/recht-steuern/rechtsratgeber/unzulaessige-fragen-vorstellungsgespraech/7086105.html. Zugegriffen: 15. Dez. 2017.

Bast, V. (2017). 7 Dinge, die Arbeitgeber vor einem Vorstellungsgespräch tun sollten. 26.02.2017 in Impulse. https://www.impulse.de/management/vorstellungsgespraech-arbeitgeber/2057607.html. Zugegriffen: 15. Dez. 2017.

Gallup-Studie zum Mitarbeiterengagement, seit 2001 jährlich erscheinend

JobScout24. Checkliste Vorstellungsgespräch. http://content.scout24.ch/CmsFiles/940_JS24_Checkliste_Vorstellungsgespraech.pdf. Zugegriffen: 15. Dez. 2017.

Kock, S. F. (2015). Mitarbeitergespräche leicht gemacht. Vortrag, Berlin.

Kock, S. F. (2016). Personalgespräche führe ich in meiner Praxis auch – nur wann und wie? Vortrag, Berlin.

Unger, A. (2018a). Mit diesen 11 Fragen testen Sie, wie leistungsbereit ein Bewerber ist. 11.01.2018 in Impulse. https://www.impulse.de/management/recruiting/fragen-arbeitseinstellung-vorstellungsgespraech/2842761.html. Zugegriffen: 13. Jan. 2018.

Unger, A. (2018b). Mit diesen Bewerberfragen müssen Arbeitgeber rechnen. 22. Mai 2018 in Impulse. https://www.impulse.de/management/recruiting/rueckfragen-vorstellungsgespraech/7295261.html. Zugegriffen: 27. Mai 2018.

Stiftung Gesundheit (2017). „Ärzte im Zukunftsmarkt Gesundheit". https://www.stiftung-gesundheit.de/praxispersonal-ist-wieder-wichtigster-marketing-faktor. Hamburg, (28. Februar 2018). Zugegriffen: 3. März 2018.

Fazit: Chancen besser nutzen. Der Weg zu einer offenen Feedbackkultur und einem verlässlichem Team

11

Sabine Demuth

Christina, unsere Zahnärztin, konnten wir bei neun ganz unterschiedlichen Gesprächsfiguren begleiten. Manche dieser Gespräche erscheinen vielleicht angenehmer und leichter durchführbar als andere. Viel wichtiger ist es allerdings, regelmäßig miteinander ins Gespräch zu kommen, das Gespräch mit den Mitarbeiterinnen immer wieder aktiv zu suchen. Als Praxisinhaberin oder Vorgesetzte

© Springer Fachmedien Wiesbaden GmbH, ein Teil von Springer Nature 2019
S. F. Kock et al., *Wir müssen reden ...*,
https://doi.org/10.1007/978-3-658-22583-4_11

liegt es an Ihnen, eine offene Feedbackkultur zu schaffen. Das entsteht nicht von allein und kann auch von niemand anderem als von Ihnen selbst übernommen werden.

Während Mitarbeitergespräche in der Vergangenheit insbesondere dazu genutzt wurden, Unternehmensziele vorzugeben und damit durchaus in Misskredit geraten sind, rücken heute mehr und mehr Aspekte im Sinne von Coachings in den Vordergrund. Austausch auf Augenhöhe, Empathie, Verständnis und Respekt sind gefordert, wobei Verständnis nicht zwangsläufig Akzeptanz bedeutet. So können Ansichten und Wünsche von Mitarbeiterinnen verstanden werden, ohne ihnen zwangsläufig Folge zu leisten. Oft bewährt hat sich, in diesem Falle besonders ruhig und sachlich zu argumentieren, für die eigene Position zu werben und auf diese Weise einen Konsens im Gespräch zu erzielen.

Manch Gegner strukturierter Mitarbeitergespräche argumentiert, dass in Praxen, die keine offene Kommunikation und Feedbackkultur leben, auch kein noch so gut vorbereitetes Gespräch wirklich effektiv und förderlich sein wird. In Praxen hingegen, in denen ein enges Vertrauensverhältnis untereinander bestehe, sei ein verordnetes Gespräch überflüssig, denn hier existiere bereits permanenter Austausch auf Augenhöhe. Im Alltag vieler Praxen aber zeigt sich, dass für ein wirkliches Gespräch schlichtweg die Zeit fehlt bzw. keine Zeit eingeräumt wird. Der Praxisalltag ist extrem „durchgetaktet", die jeweiligen Arbeitsbereiche liegen weit voneinander entfernt. Es ist schwer, einfach so etwas mitzubekommen. Klar wird miteinander gesprochen, jedoch meist zwischen Tür und Angel und somit läuft vieles nebenher. Eine belastbare Bindung kann so kaum aufgebaut und gefördert werden. In ruhigen Zeiten mag eine Praxis auch auf diese Weise funktionieren, wenngleich Potenziale im Team kaum erkannt und genutzt werden können.

Nur mal angenommen, Ihre Mitarbeiterinnen arbeiten mit einem soliden 80-Prozent-Einsatz. Was wäre, wenn sie die restlichen 20 Prozent auch noch einsetzen könnten und würden? Wirtschaftlich lässt sich das Potenzial für Ihre Praxis leicht errechnen: Ihr Praxisgewinn könnte um 20 Prozent ansteigen und Ihr Praxisteam zu mehr Zufriedenheit führen.

Im Gespräch mit Ihren Mitarbeiterinnen haben Sie die Möglichkeit, Ihr Praxisleitbild und Ihre Ziele zu vermitteln. Sie können erfahren, was Ihre Mitarbeiterinnen bewegt und welche Fragen sie an ihrem Arbeitsplatz beschäftigt. Im Gespräch können Sie Bindung gegenüber der Praxis und Ihnen fördern und Sicherheit des Arbeitsplatzes vermitteln. Gerade in Zeiten mit starken Veränderungen ist immer wieder zu beobachten, welche Herausforderung es bedeutet, das Team so einzubinden, dass Einzelne beim Veränderungsprozess adäquat mitgenommen werden. Dabei macht es kaum einen Unterschied, ob die Veränderungsprozesse durch externe Faktoren, wie bspw. Gesetzesanpassungen oder durch interne Faktoren, wie bspw. Personal- oder gar Inhaberwechsel verursacht werden.

Viele Arbeitnehmerinnen reagieren verunsichert auf Veränderungen, schwingt doch die Frage mit, inwiefern die Veränderungen in der Praxis auch Auswirkungen auf den eigenen Arbeitsplatz nach sich ziehen. Es kann bedeuten, dass etwas, was „schon immer so gemacht" wurde, nun anders erledigt werden soll. Es kann auch bedeuten, dass Personal überflüssig wird oder dass es menschlich nicht mehr als passend empfunden wird. Dabei sind die Leistungsträgerinnen in der Regel die ersten, die sich umorientieren. Schließlich gibt es auch andere Praxen, die Personal brauchen. Umso wichtiger ist es also, immer wieder darüber nachzudenken, wie Sie Ihre Mitarbeiterinnen langfristig binden und optimal fördern können. Das strukturierte Gespräch bietet beste Voraussetzungen. Miteinander ins Gespräch zu kommen, ist nie verschenkte Zeit. Dabei ist Zuhören fast noch wichtiger als selber Reden.

Je sorgfältiger Sie Ihre Gespräche vorbereiten, desto besser sind die Aussichten auf Erfolg. Papier und Stift, um Gedanken zu notieren und zu strukturieren, ist eine einfach umzusetzende und wirksame Methode. Es lohnt sich, an dieser Stelle einmal mehr „tief durchzuatmen", nichts zu überstürzen und sich wirklich Zeit für die Vorbereitung jedes Gesprächs zu nehmen. Wenn Sie zudem für eine störungsfreie Atmosphäre des Gesprächs sorgen, sind die Aussichten auf einen erfolgreichen Verlauf Ihres Gesprächs bestens.

Was im Gespräch selbst passiert, lässt sich kaum mit Bestimmtheit vorhersagen. Auch wird es vermutlich Gespräche geben, die sich trotz penibelster Vorbereitung im Verlauf und Ergebnis nicht so darstellen, wie Sie sich das erhofft hatten. Hier kann sich eine externe Beratung als hilfreich und sehr effektiv erweisen. Beispielsweise in Form von Sparringpartnerschaft, Supervision und Begleitung für sich selbst oder als neutrales Korrektiv für die Behandlung von Konflikten, bei denen Sie selbst in irgendeiner Form involviert sind. Viele Praxen haben gute Erfahrungen mit regelmäßigen, extern geleiteten Teamworkshops, um das Betriebsklima aktiv zu fördern und so Prophylaxe zu betreiben.

Aller Voraussicht nach wird es in Zukunft sogar noch wichtiger, in die Kommunikation mit dem Team und in die persönliche Führungskompetenz zu investieren. Fachkräftemangel auf der einen Seite, große Veränderungsprozesse in der gesamten Arbeitswelt auf der anderen Seite mögen diese Anforderungen verstärken. Unterstützung in Ihrem Praxisalltag erhalten Sie in Form von Checklisten und Zusatzmaterialien auch auf unserer Website unter kockundvoeste.de/downloads. Schauen Sie ruhig öfter mal vorbei. Es gibt immer wieder Ergänzungen für Sie. Es lohnt sich. Denn wer Wert auf offene Gesprächskultur und gute Kommunikation legt, trägt langfristig zur Stabilisierung bei, minimiert Stress und Kosten und sichert nachhaltig den Praxiserfolg – oder, um es mit den Worten von dem französischen Schriftsteller Albert Camus zu sagen: *„Wir müssen immer wieder das Gespräch mit unserem Nächsten suchen. Das Gespräch ist die einzige Brücke zwischen den Menschen."*

Printed in the United States
By Bookmasters